名师名校名校长书系

Great Teachers Elite Schools Celebrated Presidents

U0695834

基于新课标的
高中化学教学设计

刘凯钊 ◎主编

民主与建设出版社

·北京·

© 民主与建设出版社，2019

图书在版编目（CIP）数据

基于新课标的高中化学教学设计 / 刘凯钊主编. —
北京：民主与建设出版社，2019.10
ISBN 978-7-5139-2666-9

Ⅰ.①基… Ⅱ.①刘… Ⅲ.①中学化学课—教学设计
—高中 Ⅳ.①G633.82

中国版本图书馆CIP数据核字（2019）第209036号

基于新课标的高中化学教学设计
JIYU XIN KEBIAO DE GAOZHONG HUAXUE JIAOXUE SHEJI

出 版 人	李声笑
著 者	刘凯钊
责任编辑	刘 芳
封面设计	姜 龙
出版发行	民主与建设出版社有限责任公司
电 话	（010）59417747　59419778
社 址	北京市海淀区西三环中路10号望海楼E座7层
邮 编	100142
印 刷	北京虎彩文化传播有限公司
版 次	2022年6月第1版
印 次	2022年6月第1次印刷
开 本	710 毫米 × 1000 毫米　1/16
印 张	14.25
字 数	257千字
书 号	ISBN 978-7-5139-2666-9
定 价	45.00 元

注：如有印、装质量问题，请与出版社联系。

编 委 会

基础教育改革正式迈入核心素养的新时代

围绕学生发展核心素养的《普通高中化学课程标准（2017年版）》[①]（以下简称新课标），由全国教材委员会委员、陕西师范大学原校长房喻教授领衔，华东师范大学王祖浩教授、北京师范大学王磊教授、东北师范大学郑长龙教授、陕西师范大学周青教授等化学课程与教学研究团队，与各大院校的知名化学学科研究专家组成的修订专家组，共同合作，经过多年的辛勤工作，在凝聚了社会各方面智慧和力量的基础上，2018年7月终于正式颁布。2017版新课标的发布标志着基础教育改革正式迈入核心素养的新时代。

与上一版的高中课程标准相比，本次修订工作在课程目标方面，基于化学学科本质凝结了具有化学学科特色的学科核心素养，为课程内容选取和评价设计提供了依据；在课程结构方面，调整必修和选修课程设置，满足学生发展的多元需求；在课程实施方面，构建素养为本的实施建议，突出化学学科大概念，建立"内容—主题—素养"的学业水平标准，强化学生必做实验和主题教学。

那么，究竟什么是素养？什么是核心素养？什么是化学学科核心素养？为什么要从三维目标走向核心素养目标？课堂教学怎样发展学生的核心素养？化学学科核心素养应如何落实在课堂教学中，转化为学生自身的关键能力和必备品格？基于学科核心素养导向的课堂教学应如何设计？等等。这些问题是我们一线教师迫切需要研究和解答的问题。

[①] 中华人民共和国教育部.普通高中化学课程标准（2017年版）［M］.北京：人民教育出版社，2018.

1

　　发展学生化学学科核心素养的关键是积极开展素养为本的课堂教学实践，主动探索素养为本的有效课堂教学模式和策略。教学设计能力的培养特别需要高质量的优秀教学案例，为了让教师们尽快熟悉新课标，并能积极主动地研究新课标，2018年5月在广州市海珠区刘凯钊名师工作室启动仪式上，受邀的华南师范大学邓峰博士做了题为"基于学科素养PCK视角下的化学课堂教学设计范式"的专家讲座，工作室成员开启了基于新课标理念的化学课堂教学设计的实践和研究。2019年4月29日，举行了广东省何庆辉名师工作室、广东省曾国琼名师工作室和广州市刘凯钊名师工作室联盟活动，主题为"基于'教、学、评'一体化教学设计的大型课例展示活动"，得到大家的肯定。广州市刘凯钊名师工作室和广州市海珠区刘凯钊名师工作室全体成员一年多以来积极学习新课标，努力吃透新课标并基于新课标探索素养为本的教学设计的撰写策略。经过一年多的实践，以新课标中必修课程的5个主题和选择性必修课程的9个主题为主线，每个主题开发至少一个素养为本的教学设计案例，并举行了高中化学"教、学、评"一体化教学设计征集活动，评选出每一主题一个以上的优质案例；构建了可迁移应用的"基于学科素养PCK视角下的化学课堂教学设计"框架，供广大教师参考，希望从案例出发，由点到面，由实践到理论，由具体到抽象，在教学实践的基础上有所提升和发展；引导教师加强对新课标的研究，挖掘新课标的内涵，争取尽快熟悉并吃透新课标，应用并拓展新课标。

　　本书在素养为本的新课程改革背景下，界定基于学科核心素养PCK视角下的化学教学设计，采用以赛促研的模式，征集教学设计案例比赛的形式，给出教学设计的模板，实现对化学教师进行基于新课标理念的教学设计专题培训。经过一年多的实践，收集、梳理了教学设计研究的文献资料，对学科教学设计的研究现状进行了整理和分析，展示了23个基于新课程理念的教学设计案例（案例都是工作室成员实践后形成的教后再设计）。基于自身化学教学实践，结合高中素养为本教学设计案例研究的实践，展开了教学反思和教学专业发展探究，提出了一些操作性强、具有开拓性意义的观点。本书注重化学教育功能，既有理性思考，又有实践反思，力求理论与实践紧密结合，结构合理、内容翔实、案例典型，对促进高中化学新课程理念在课堂教学中的落实具有一定的指导和参考价值。本书既能为教师教学设计能力的发展、教师PCK（学科教学知识）的发展和职前教师课程内容的设置提供参考，又能作为化学教师、高等师范院校化学教育专业学生、化学教育硕士研究生和化学教研员等对新课标进行研究的参考用书。

本书在撰写过程中得到了邓峰博士的悉心指导，得到工作室全体成员的支持，在此表示由衷的感谢！

本书是广州市刘凯钊名师工作室和广州市海珠区刘凯钊名师工作室的阶段性成果，感谢广州市教育局及海珠区教育局对书稿出版费用的支持。

在撰写本书的过程中，我们参阅了大量的文献资料，吸收了其中很多研究成果，并尽可能一一注明所参考的资料。在此，向这些资料的作者表示衷心的感谢！

需特别指出的是：因时间仓促，能力有限，应用新课标进行教学设计的策略还在不断探索中，故书中必然存在很多不足之处，敬请各位读者给予批评指正，及时反馈给我（1062183455@qq.com），以便我们在以后的学习和研究中加以改正。

刘凯钊

2019年6月

~理论篇~

第一章　绪　论

第一节　核心素养导向教学设计的基本认识 ·························· 2
第二节　教师教学设计的现状 ································· 8

第二章　基于学科核心素养PCK的化学教学设计框架

第一节　课程知识 ······································· 12
第二节　学生知识 ······································· 14
第三节　教学目标知识 ·································· 16
第四节　教学策略知识 ·································· 18
第五节　评价知识 ······································· 22

～实践篇～

第三章　必修课程主题内容教学设计

第一节　"化学科学与实验探究"主题教学设计 …………… 26
　　案例　一定物质的量浓度溶液的配制 ………………… 26
第二节　"常见的无机物及其应用"主题教学设计 ………… 34
　　案例1　氧化还原反应 ………………………………… 34
　　案例2　离子反应 ……………………………………… 42
　　案例3　物质的分类 …………………………………… 49
　　案例4　硫及其化合物 ………………………………… 58
　　案例5　氮及其化合物 ………………………………… 68
第三节　"物质结构基础与化学反应规律"主题教学设计 …… 76
　　案例1　元素周期律 …………………………………… 76
　　案例2　化学键 ………………………………………… 84
第四节　"简单的有机化合物及其应用"主题教学设计 …… 91
　　案例1　甲烷 …………………………………………… 91
　　案例2　乙醇 …………………………………………… 97
第五节　"化学与社会发展"主题教学设计 ……………… 104
　　案例　海水的综合利用 ……………………………… 104

第四章 "化学反应原理模块"主题内容教学设计

第一节 "化学反应与能量"主题教学设计 …………………… 112

    案例1 原电池 ……………………………………………… 112

    案例2 电解池 ……………………………………………… 120

第二节 "化学反应的方向、限度和速率"主题教学设计 ………… 133

    案例 化学平衡 …………………………………………… 133

第三节 "水溶液中的离子反应与平衡"主题教学设计 ………… 139

    案例 电离平衡常数 ……………………………………… 139

第五章 "物质结构与性质"主题内容教学设计

第一节 "原子结构与元素的性质"主题教学设计 ……………… 148

    案例 原子结构 …………………………………………… 148

第二节 "微粒间的相互作用与物质的性质"主题教学设计 ……… 158

    案例 分子的立体构型 …………………………………… 158

第三节 "研究物质结构的方法与价值"主题教学设计 ………… 164

    案例 晶体常识 …………………………………………… 164

第六章 "有机化学基础"主题内容教学设计

第一节 "有机化合物的组成与结构"主题教学设计 …………… 170

    案例 同分异构体 ………………………………………… 170

第二节 "烃及其衍生物的性质与应用"主题教学设计 ………… 176

    案例 脂肪烃 ……………………………………………… 176

第三节　"生物大分子及合成高分子"主题教学设计 ……………… 186
案例　有机合成 ……………………………………………………… 186

第七章　"专题复习"主题内容教学设计

案例1　铁及其化合物 ………………………………………………… 194
案例2　水溶液中的离子平衡 ………………………………………… 201

理论篇

第一章

绪　论

第一节　核心素养导向教学设计的基本认识

经过修订专家组多年的辛勤工作，在凝聚了社会各方面智慧和力量的基础上，2018年7月《普通高中化学课程标准（2017年版）》终于正式颁布，这在我国基础化学教育界是具有里程碑意义的重大事件。这一纲领性教学文件为构建具有中国特色的普通高中化学课程体系提供了关键指南和重要保障，我们非常期待新课标在一线课堂落地生根。

新课标从课程性质与基本理念、学科核心素养与课程目标、课程结构、课程内容、学业质量、实施建议等几个方面，集中阐述了对高中化学课程实施的基本要求与应然期望，是对高中化学课程的价值规范与行动指南的高度凝练与扼要把握①。

一、认识新课标

1. 源于实践，基于理论

新课标是对我国基础化学教育教学实践经验的继承和总结，由以前的主要基于经验向基于理论、更基于经验和理论有机融合的方向转变。与2003年版课

---

① 房喻，徐端钧.普通高中化学课程标准（2017年版）解读［M］.北京：高等教育出版社，2018.

标相比，2017版课标发生的显著变化主要有以下十个方面①：

（1）对化学学科的特征进行了提炼。

（2）从化学课程目标、结构、内容、教学和评价五个方面，概括了基于化学学科核心素养的课程理念。

（3）构建了化学学科核心素养的内容体系及其发展水平体系。

（4）构建了由必修课程、选择性必修课程和选修课程组成的"三层次"课程结构。

（5）构建了基于主题的课程内容体系，并对课程内容进行了增减。

（6）明确了必修课程和选择性必修课程的必做实验。

（7）构建了学业质量水平体系。

（8）注重"教、学、评"一体化，提供了化学学科核心素养在课堂教学中落地的基本途径和策略。

（9）注重"教、学、考"一致性，提供了基于化学学科核心素养发展的学业水平考试命题的原则和策略。

（10）提供了体现"教、学、评"一体化的素养为本的化学课堂教学设计案例。

2. 理解本质，认识价值

对于化学学科的本质特征及其价值，一直是化学家、化学哲学家和化学教育家不断试图回答的重要问题。化学与物理学、生物学的本质区别究竟是什么？我们往往从认识论的视角出发，认为"以实验为基础"是化学学科的本质特征。这一观点常被质疑，化学学科的"以实验为基础"与物理学和生物学的"以实验为基础"有什么不同？2017版课标，首次正面回答了这一问题，凝练了化学学科的本质特征，即"认识物质和创造物质"。将这一特征加以展开，即"从微观层次认识物质，以符号形式描述物质，在不同层面创造物质"。"创造物质"是化学学科的独有特征，而"认识物质"的特征，却不仅仅是化学学科的特征。

---

① 郑长龙.2017年版普通高中化学课程标准的重大变化及解析［J］.化学教育，2018，39（9）：41.

2017版课标对化学学科的价值做了较为全面和深刻的阐释，反映了对化学学科价值的一些新的认识。概括起来，其主要有以下特点：

（1）全面性。新课标从学科价值、教育价值和社会价值三个方面，系统阐释了化学学科的价值。如化学"是材料科学、生命科学、环境科学、能源科学和信息科学等现代科学技术的重要基础"（学科价值），"是学生终身学习和发展的重要基础"（教育价值），"在促进人类文明可持续发展中发挥日益重要的作用"（社会价值）。

（2）创新性。新课标站在21世纪科学发展的前沿，从打通物质世界和生命世界的高度，凝练了化学学科的独特价值——揭示元素到生命奥秘的核心力量。这一观点进一步深化了对化学学科价值的认识。

（3）时代性。新课标直面化学课程的当代责任和使命，明确提出化学课程"是落实立德树人根本任务、发展素质教育、弘扬科学精神、提升学生核心素养的重要载体，对于科学文化的传承和高素质人才的培养具有不可替代的作用"。

3. 理解核心素养的内涵及结构

所谓素养是指一个人在完成一件工作或解决一个问题时所表现出来的能力。所谓化学学科核心素养是指学生通过化学学科学习而逐步形成的正确的价值观的关键、必备品格和关键能力。化学学科核心素养是新课标的"魂"。如何理解化学学科核心素养的内涵是解决的关键"应试教育"导致的"有知识，无素养"的问题的关键。为了应试，还有相当一部分教师的课堂是学生通过记忆而不是建构来习得知识，这种方式导致学生头脑中的知识多是浅表性、散点式的而不是结构化的。这样的知识只具有考试答题价值，而不具有迁移应用价值，在真实问题解决中难以发挥作用，所以我们的教学要思考如何将知识转化为素养。[①]

对化学学科核心素养五个方面细化如下。

"宏观辨识与微观探析"：能从不同层次认识物质的多样性，并对物质进

---

① 中华人民共和国教育部.普通高中化学课程标准（2017年版）［M］.北京：人民教育出版社，2018.

行分析；能从元素和原子、分子水平认识物质的组成、结构、性质和变化，形成"结构决定性质"的观念；能从宏观和微观相结合的视角分析与解决实际问题。

"变化观念与平衡思想"：能认识物质是运动和变化的，知道化学变化需要一定的条件，并遵循一定的规律；认识化学变化的本质特征是有新物质生成，并伴有能量转化；认识化学变化有一定限度、速率，是可以调控的；能多角度、动态地分析化学变化；能运用化学反应原理解决简单的实际问题。

"证据推理与模型认知"：具有证据意识，能基于证据对物质的组成、结构及其变化提出可能的假设，通过分析推理加以证实或证伪；知道可以通过分析、推理等方法认识研究对象的本质特征、构成要素及其相互关系，建立认知模型，并能运用模型解释化学现象，揭示现象的本质和规律。

"科学探究与创新意识"：认识科学探究是进行科学解释和发现、创造和应用的科学实践活动；能发现和提出有探究价值的问题；能从问题和假设出发，依据探究目的，设计探究方案，运用化学实验、调查等方法进行实验探究；勤于实践，善于合作，敢于质疑，勇于创新。

"科学态度与社会责任"：具有安全意识和严谨求实的科学态度，具有探索未知、崇尚真理的意识；深刻认识化学对创造更多物质财富和精神财富、满足人民日益增长的美好生活需要的重大贡献；具有节约资源、保护环境的可持续发展意识，从自身做起，形成简约适度、绿色低碳的生活方式；能对与化学有关的社会热点问题做出正确的价值判断，能参与有关化学问题的社会实践活动。

如何理解化学学科核心素养的五个方面及其相互关系呢？对这五个方面的素养，有人提出质疑，"证据推理与模型认知""科学探究与创新意识""科学态度与社会责任"，不仅仅适用于化学学科，物理、生物等其他学科也适用。这个问题的实质，郑长龙教授认为实际上就是看待特殊性的哲学方法论问题。"宏观辨识与微观探析"阐述的是"宏微结合"；化学是变化之学，"变化观念与平衡思想"阐述的是化学变化中的"变"与"不变"的问题。化学变化中的"不变"，是相对不变，存在动态平衡。因此，这两个方面的素养反映的是化学学科思维方式和化学学科思想。"证据推理与模型认知"反映的是化学学科思维方法。化学学科思维方式和方法，属于化学科学认识范畴；"科学探究与创新意识"，属于化学科学实践范畴；"科学态度与社会责任"，重点强调化学科学的绿色应用和社会责任担当，属于化学科学价值范畴或化学科学应用范畴。郑长龙教授把这五个方面结构化为：化学科学实践（科学探究与创新意识）—化学科学认识（"宏观辨识与微观探析""变化观念与平衡思想""证据推理与模型认知"）—化学科学应用（"科学态度与社会责任"）。这五个方面的关系符合哲学认识论的一般过程：实践—认识—再实践（应用）。我们必须理解、理清它们之间的关系，才能更好地在教学实践中应用。

总的来说，学科核心素养是落实立德树人根本任务（社会主义核心价值观），是学科育人价值的集中体现，体现了化学课程在帮助学生形成未来发展需要的正确的价值观、必备品格、关键能力中所发挥的重要作用。

二、积极主动开展课堂教学实践研究

发展学生化学学科核心素养的关键是积极开展相关的课堂教学实践，主动探索有效课堂教学模式和策略。

从化学教育发展的历史来看，化学课堂教学的价值取向大体上经历了"知识取向""能力取向"和"素养取向"三个阶段。

（1）"知识取向"化学课堂教学的基本理念是"知识为本"，重视"双基"（化学基础知识与化学基本技能）的教与学。

（2）"能力取向"化学课堂教学的基本理念是"能力为本"，在注重"双基"教学的同时，强调通过科学过程和科学方法发展学生的科学探究能力。

（3）"素养取向"化学课堂教学的基本理念是"素养为本"，强调运用所学的"双基"以及科学过程和科学方法解决真实问题。

核心素养导向的教学应发生怎样的变化？余文森教授在《今日教育》2016年第3期撰文，倡导教师要进行有高阶思维的深度教学，实现知识教学的丰富价值，使学生知识学习与思维能力实现同步发展。教师需要做出系统的改变，不能仅仅关注新课标中课程内容的变化，还要不断学习实践，不断改进优化课堂教学。教师要不断进行专业发展，如丰富核心素养教学PCK。崔允漷教授提出，教学要能促进深度学习（对立面：虚假学习、浅层学习）的发生，教学设计要看到整体，即从课时到单元的整体设计，对内容重组或教学化处理，即知识结构化、条件化、情境化；强调学习方式与目标的匹配，即学什么、怎么学、学会什么；学科的学习方式，特有的学习活动；"教、学、评"一体化，即学科核心素养目标导向的教学设计。

素养导向的教学倡导真实问题情境的创设，开展以化学实验为主的多种探究活动，重视教学内容的结构化设计，激发学生学习化学的兴趣，促进学生学习方式的转变。

梳理并理解相关理论概念后，摆在我们面前的问题是：基于核心素养导向的化学课堂教学有哪些范式？目前郑长龙教授提出的板块化设计，王磊教授的基于项目式和基于主题式的教学设计，都给我们提供了很好的范本，我们主动完成理论的输入内化，然后在我们的教学实践中输出，形成了基于学科核心素养PCK的化学课堂教学设计，使新课标得以在教学的主阵地中落地。

第二节　教师教学设计的现状

教师进行基于学科核心素养的教学设计是落实学科核心素养的有效途径。

教学设计是以教学效率取得最优的教学效果为终极目标，以教育理论、学习理论及学科教学理论为理论基础，运用系统的教学方法确定教学目标、把握教学重难点，多方面考虑可能出现的教学问题，分析并提出解决该教学问题的策略，试行采取的解决方案，反思评价教学结果和修改完善整个教学方案的过程。

教学设计能力包括分析教学内容、分析教学对象、设置教学与评价目标、设计教学过程和教学评价活动，是教师重要的专业能力之一，对教师的专业发展和教学水平有至关重要的影响，也是新课标得以实施的保障。然而黄元东[①]等人的研究发现，高中化学教师教学设计的能力存在以下问题：

（1）大部分教师对新课标内容及教学内容的具体价值没有进行具体分析，重视程度不够。

（2）大部分教师没有分析影响学生学习新知识的前概念和学生在学习中遇到的困难。

（3）大部分教师不了解评价内容，不能全面地对教学过程进行评价，且缺少对课堂习题的设计或设计的课堂习题只注重对学生知识的训练，而较少关注学生思维能力的开发和实践能力的培养。

（4）大部分教师不重视课后作业的设计或设计的作业只是帮助学生理解所学知识，而没有有效发挥作业对学生实践能力、探究能力及创新能力的培养功能，且忽视对课后作业的评价。

（5）大部分教师能根据新课标、教材内容及学生情况设计教学目标，但对

---

① 黄元东，颜燕，闫春更，等.化学教学设计能力评价量表的编制与应用研究［J］.化学教育，2019，40（1）：36.

教学目标的依据了解不全面，对教学目标的设计很多时候是根据自己的经验、教学内容、学生情况和新课标等其中一方面或几方面去分析。没有完全把学生作为教学主体，在实际教学过程中没能与学生的学习特点及具体情况相结合，切实落实教学目标。

（6）大多数教师在教学实践过程中选择的情境素材脱离学生生活，远离社会关注点，缺乏新颖性，与教学内容联系不够紧密等。在课堂小结中，一般都是教师小结，没有体现学生的主体地位。

长期以来，我们缺少对教师教学设计能力的有效评价方法，现有教学设计能力的评价工具主要是针对课堂教学与教学技能的评价，而学科化的教学设计的评价量表开发甚少。

我们基于新课标理念，依据化学学科核心素养和教师PCK的五种知识维度（课程知识、学生知识、教学目标知识、教学策略知识和评价知识）建构课堂评价的框架，帮助教师发现某个教学环节的不足，提出有针对性的建议，能有效化解教师教学设计中存在的问题，从教师PCK的视角规范教师的教学设计，找到有针对性地提升教学设计能力的策略。

第二章

基于学科核心素养PCK的化学教学设计框架

设计是指"为了解决某个问题，在开发某种产品或实施某个方案之前，所进行的系统而缜密的计划与构思的过程"。从实质上讲，设计就是一种问题解决的方式。

现代教学设计是指在系统科学方法的指导下，运用现代学习理论、教育理论和教师经验，对教学活动进行系统规划，以期达成教学目标的可操作过程。

设计以认识为前提，认识指导实践，只有认识得到了提高，才有可能将理念付诸行动。而认识是建立在一定理论基础之上的，中学教师PCK在教师教学设计研究方面有着坚实的理论基础，研究教师的PCK能够有效化解教师教学设计中遇到的各类问题。

教师PCK（学科教学知识，pedagogical content knowledge）是对一定的教学内容和教育学知识进行有机结合而成的区别学科专业特有的核心知识，用于组织和表征特定的学科内容，以适应学习者的能力和兴趣需要，它能完全涵盖教学设计的全部内容。

马格努森和帕克等人认为，教师的PCK包括课程知识、学生知识、教学目标知识、教学策略知识和评价知识五个方面。国内外学者对PCK的研究表明，课程知识主要是课程标准知识与教材知识，即课程标准对课题内容的具体要求和教材内容的组织结构，知识及教材内容包含的教育价值；学生知识指在学习某一特定主题时，教师应了解学生所拥有的知识基础、认识误区、学习困难三个方面的情况；教学目标知识是教师在编制教学目标的过程中应具有的基础知识，如教学目标的维度、教学目标的行为主体、教学目标的陈述方式等；教学策略知识是教师将头脑中的课程知识、学生知识和教学目标知识进行融合，选择恰当的形式将教学内容的能力要求和呈现的知识直接外显于教学过程；评价知识指教师要了解哪些内容应该纳入评价的范围、用什么标准评、怎么评、如何评等。故我们以教师PCK作为教学设计评价的五个基本维度来构建化学教学设计框架（见图1）。

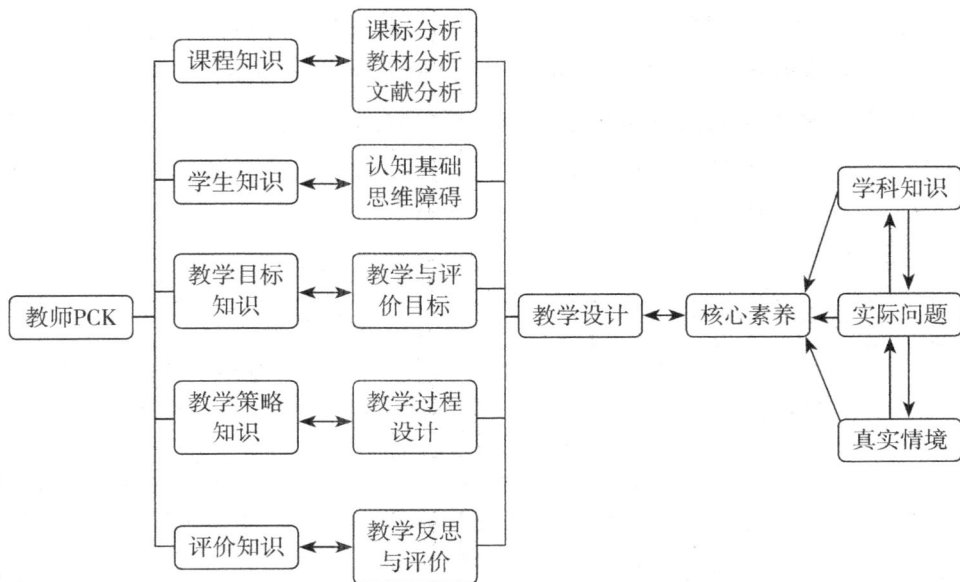

图1 教师PCK教学设计框架

第一节　课程知识

　　课程知识包括课程标准知识、教学内容的组织结构和教学内容的教育价值。在进行课堂教学设计时要呈现课程标准内容并具体分析，分析特定教学内容的组织结构、进行教学内容的教育价值。进行教学设计时增加对《考试大纲》（以下简称考纲）和历年考题的分析，这样教师能明确教学不同阶段对能力要求的螺旋上升情况。

　　课程知识分析表：

课程知识	分析视角
1. 课程标准分析	教学内容的组织结构分析，即分析课程标准中的课程内容要求：直接的内容主题是知识与能力要求，相关的内容主题是分析课标中的学业要求
2. 考纲、考试说明分析	考纲是考试命题的依据，是题型的范例，是形式的样本。研究考纲和考试说明，明确考纲对相应内容要考查的能力要求，定难度，有利于分阶段教学目标的确定
3. 考题分析	纵向、横向对比研究高考试题，关注对学生思维考查的广度和深度
4. 教材内容功能分析	对知识本体分析和知识功能价值分析，对现行"三种版本"教材中教学内容及其组织、呈现、功能、方法等的对比分析

　　教材内容功能分析：

　　任何科学知识都是科学家运用一定的科学方法，经历艰难曲折的探索过程而获得的，这个过程倾注了科学家的智慧，体现了科学家的思想和观点。化学知识作为人类认识物质及其变化规律的智慧结晶，所承载的意义绝不仅限于字面所表达的含义，更有在知识发现过程中人的智慧和情感的付出，这正是化学知识的丰富内涵所在。知识的"冰山模型"如图1所示。

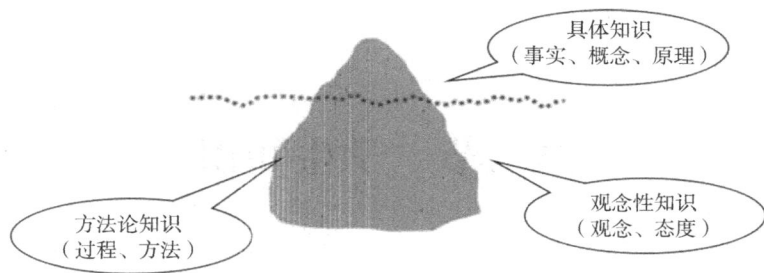

图1　知识的"冰山模型"

对具体知识进行知识功能价值分析发现，每一化学知识都是事实、观点、思想、方法、态度等的融合，都具有丰富而深刻的内涵。分析和挖掘化学知识价值的过程，就是深入揭示化学知识内涵的过程，就是引导学生思维和认识不断深入发展的过程。

从历史的角度、社会的角度和学科的角度分析和挖掘教材内容的价值，具体包括知识形成的背景、过程、实际应用和知识之间的联系等方面。

当前，在以学生学科核心素养发展为本的教材编制中，教材内容不再被视为预先建构好的现成知识，它只是为教师的教和学生的学提供基本的信息，教材成为教师和学生交流的媒介和工具，成为促进学生学习和发展的资源与手段。教师和学生处于平等的地位，共同借助教材所提供的信息进行交流与对话。教师的任务不是怎样去传授教材的内容，而是思考如何利用教材促进学生的主动学习。学生则是在教师的启发下，积极主动地对教材提供的信息进行加工和建构，从而获得智慧的发展和能力的生成。教师进行教学设计时对现行三种版本教材的分析，可以帮助教师拓宽视野，丰富备课的资源。

第二节　学生知识

奥苏贝尔在《教育心理学：一种认知观》中写道："如果我不得不把教育心理学的所有内容简约成一条原理的话，我会说：影响学习的最重要因素是学生已知的内容。弄清了这一点后，据此进行相应的教学。"所以在进行教学设计时，教师要深入了解学生，全面探查学生已有的知识经验，学生认识的发展点和障碍点。

学生知识分析表：

学生知识	分析视角
认知基础	分析学生的认知基础
学习困难与认识误区	分析影响学生学习新知识的迷思概念和学生在学习中遇到的困难

学生已有知识经验的类型可分为课内和课外两种：课内是正确、清晰、稳定的知识经验，能促进新知识的理解；课外有时是错误、模糊、潜在的知识经验，会妨碍新知识的理解。探查学生已有的知识经验的途径有结合自身经验、同行交流或学生访谈、教师的经验和诊断性测试等。诊断性测试又可分为开放性试题（自由作答）、限制性试题（选择题）和二段式测试（二者结合）。

开放性试题案例：

将蔗糖或食盐溶解在水中，观察现象，你能提出哪些问题？

学生可能提出的问题有：①为什么蔗糖最终会溶解在水中？②为什么在溶解过程中，用筷子进行搅拌会加速溶解？③为什么杯底的溶液会浓一些？④为什么溶解后的液面比溶解前的液面略低一些？

二段式测试案例：

1. 你认为醋酸与水会互溶吗？（　　）

A. 不会　　　　　B. 会

2. 如果你的选择是"会"，你的理由是（   ）。

A. 因为两者都可以吃，所以互溶

B. 因为水有稀释的作用

C. 因为完全混合后，澄清且透明

D. 因为酸性的物质都可以溶于水

3. 如果你的选择是"不会"，你的理由是（   ）。

A. 因为醋酸和水会发生化学反应

B. 因为醋酸和水的密度不同

C. 因为醋酸是酸性的物质

D. 因为醋酸在水中是解离，不是溶解

4. 你为什么会做出以上选择？因为你学过什么？

通过这一系列的探查，教师可以探查到学生的已备知识、模糊认识和错误认识，并了解学生模糊认识和错误认识是属于与事实性知识冲突的不当认识，还是缺乏原理性知识导致的不当认识，或是狭隘的思维方式（或价值取向）带来的不当认识，从而确定教学的起点，选择正确的教学策略和明确课堂教学目标。

第三节　教学目标知识

有效教学必须回答的三个基本问题："第一，你把学生带到哪里（目标）？第二，你怎样把学生带到那里？第三，如何确信你已经把学生带到那里？"可见，教学目标是教学的起点和归宿，规定教与学的进程与方向，引领教学的全过程，其重要性不言而喻。但在实际教学中，大多数教师却很少思考教学目标，他们最常问的是"下一节课我要讲哪些内容？"教案上需要叙写教学目标时，往往从他人教案上复制或模仿。即使并不明白教学目标的内涵究竟是什么，需要通过什么样的路径去达成，但可以用相同的句式，甚至相同的套话来表达。因此，三维目标时代教学目标设计中的"割裂设计""机械移植""名不副实""顾此失彼"等问题屡见不鲜，直接影响了课程目标的有效达成。新课标构建了全面发展学生化学学科核心素养的课程目标体系。如何将学科核心素养目标落实到每一节课的教学中，如何撰写教学与评价目标，是我们需要研究的内容。

教学目标知识分析表：

教学目标知识	分析视角
教学与评价目标的依据	课程知识中的新课标、教材内容及学生知识，新课标中的学业要求、学习质量水平
教学目标的行为主体	学生
教学目标的陈述	陈述学生的学习结果，陈述应明确具体，可以观察和测量，避免使用含糊的和不切实际的语言陈述，还应反映学习结果的层次性。目标中行为动词的把握要精确到位
评价目标的陈述	"能预测……""建立……关联""形成……思路""诊断……""发展……素养"
教学目标的内容	学生的学习特点与具体情况相结合的目标

教学目标是课堂教学的核心和灵魂，是课堂教学的出发点和归宿，它关系

到课程改革理念的真正落实。教学目标制约着教学设计的方向，对教学活动的设计发挥着指导作用；同时教学目标为教学评价提供依据。我们要科学地制订教学目标，充分发挥教学目标的功能。新课标既有对教学目标总的规定，又在内容标准中对每一项课程内容提出了相应的目标要求，为教学目标的制订提供了实际操作上的依据。

评价目标的撰写：

评价目标是为了判断学生在某一学习阶段达成相应教学目标的程度和质量水平而确立的标尺，由反映学生实际学习能力、指向真实问题解决的具体的学习任务构成，是学生和教师共同期望达成的教学境界和学习标准。围绕学科核心概念的建构和迁移，设计评价目标和任务，充分发挥评价的诊断和发展功能。具体评价目标的确定必须与化学学科核心素养水平、内容标准、学业要求和学业质量标准水平保持一致；在学业评价实践中，通常是在教学目标的基础上，采用描述性语言来呈现具体的评价目标，如"通过……诊断……发展……"等。

第四节　教学策略知识

教学策略知识包括课堂导入、选用的教学方法、教学内容的组织与安排、选取的教学材料、选择的教学媒体、创设的教学情境、设计的教学问题、化学实验的呈现方式、实验方案的设计、课堂小结。

进行教学设计时要分析新课标教学提示中列举的教学策略、学习活动建议和情境素材建议，教师通过查资料加强理解并拓展案例内容。

一、教学问题的设计

设计有思考价值的问题有利于增进学生对知识的理解。对知识形成深层的理解，是建构性学习和教学的核心目标。"为理解而学习"是建构主义的一条重要信念。问题是思维的源泉和动力，不同的问题所引起的学生的思维参与程度是不同的，在促进学生对知识理解方面的作用也不相同。教学中应尽量设计有思考价值的问题，引导学生在积极思维的过程中深刻理解所学知识。

有思考价值的问题的特征是具有一定的思维容量、适宜的难度和合适的梯度。

所谓思维容量是指思维的深广度水平。首先，从思维方向来看，它应该具备一定的开放性，因为开放性的问题可以给学生更广阔的思维空间，有利于调动学生思维的积极性和主动性，确保思维活动持久进行；其次，从思维力度来看，它应该是学生通过深入思考才能解决的问题，而不是简单再现的问题。如果学生将书本上或者记忆里的信息原封不动地搬出来就能解答，那么该问题就没有什么思考价值了。

有思考价值的问题应该是难易适度的。实践证明，问题过易或过难都不能有效地激发学生的思维活动。那些和学生已有的知识经验有一定联系，学生知道一些，但是仅凭已有的知识又不能完全解决，也就是说在"在新旧知识的结合点"上产生的问题，最能激发学生的认知冲突，最具有启发性，能有效地驱动学生有目的地积极思索。

设计的问题要具有合适的梯度，对于那些具有一定深度和难度的内容，可以设计成问题组，用组合、铺垫或设台阶等方法来降低问题的难度，提高问题的整体效益。问题组的设计要紧紧围绕核心主题，逐层递进。既不能梯度太大，使学生迷失思维的方向；又不能将问题设计得太琐碎，限制学生的思维发散。要给学生以方向的引导，同时留有一定的思维空间，促使学生进行有目的的深入思考。

如果一个问题是有价值的、优质的问题，那它必须具有四个特征：

（1）能够达成一个或更多的教学目标。

（2）关注重要的课程内容。

（3）能够促进学生在规定的认知水平上的思考。

（4）清晰地阐明所要问的内容。

二、创设问题呈现的情境

学习活动总是在一定的情境中产生的。教师设计好具有思考价值的问题后，要避免直接提问，要在对学生已有知识经验和教材内容全面、科学分析的基础上，创设问题呈现的情境，使学生能在问题情境中产生认知冲突，从而激发学生积极思维的动机和探索问题的欲望。教师设计问题，创设情境；学生在问题情境中发现问题。

素养依赖情境，实践乃素养之母，一切实践均植根于情境之中，素养的形成和发展与情境存在密不可分的关系。随着信息时代的到来，知识的情境性日益增强。核心素养的培养与发展离不开情境学习，离不开"基于真实的、现实世界的任务而学习"。什么是教学情境？教学情境有几种表述？教学情境是一种特殊的教学环境，是教师为了支持学生的学习，根据内容有目的地创设的教学环境。教学情境是与教学内容相适切的、包含问题的生活事件。教学情境的本质是生动的生活事件，其中包含与教学内容相应的、具有内在联系的问题。根据教学内容，为落实教学目标所设定的，适合学生并作用于学生，能产生一定情感反应，能使其主动积极建构学习的具有学习背景、景象和学习生活条件的学习环境。信息时代，知识日益情境化，情境日趋复杂化。唯有将知识植根于情境，才能促进素养发展。而素养一经形成，又能超越具体情境的限制，广泛应用于不同情境之中，且适应情境的不断变化。

问题情境类型：生活应用情境、生产实际情境、化学研究情境、社会热点情境、化学史料情境。

案例一：

一项最新调查统计报告显示，中国居民的平均贫血患病率为15.2%，而3岁以下的婴幼儿达到21.3%。阅读某补铁片产品说明书（PPT呈现某品牌补铁片产品说明书），通过交流讨论和实验探究解决下列问题：

（1）补铁片中的铁元素是什么价态的？

（2）为什么促进铁的吸收需添加维生素C？

（3）如何保存补铁片？

案例二：

如图1所示，化学变化在生产和生活中具有广泛应用。请与同学交流讨论下列问题：

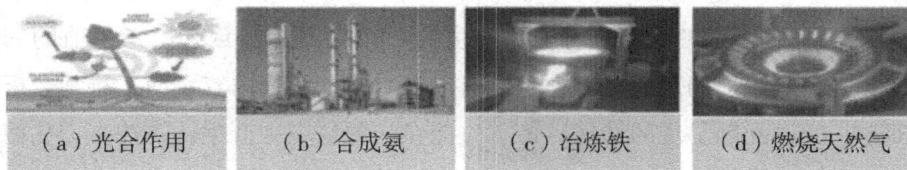

| （a）光合作用 | （b）合成氨 | （c）冶炼铁 | （d）燃烧天然气 |

图1　生活中的化学变化图

（1）上述化学反应具有什么特点？属于什么类型的反应？

（2）上述反应的本质是什么？还有哪些此类反应在生产和生活中有广泛应用？

案例三：

2008年10月8日，在杭甬高速公路宁波段出口处，一辆装载29t硝酸的槽罐车在自西向东行驶过程中，撞击护栏后发生泄漏。事后新闻报道中有下列两幅图片（见图2）。观察图片，提出你想解决的问题。

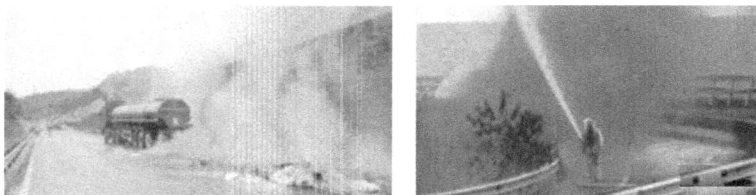

图2　化学物品泄漏图

（1）硝酸泄漏现场，为什么有大量棕红色的烟？

（2）消防员为什么向泄漏硝酸的槽罐车上空喷水？

（3）为什么在硝酸泄漏后的现场地面上有大量的白色物质？

案例四：

金属的使用被用来划分人类所处的历史时期。拿破仑时代铝很昂贵，而今天我们生活中铝制品却随处可见（铝的趣史如图3所示）。请与同学交流讨论下列问题：

（1）金属被人类大量应用的时间与哪些因素有关？

（2）铝是如何"从神坛走下来"的？

法国皇帝拿破仑三世（1808—1873）用铝盘款待最重要的宾客，而今天铝非常便宜，我们用铝箔包装食品。

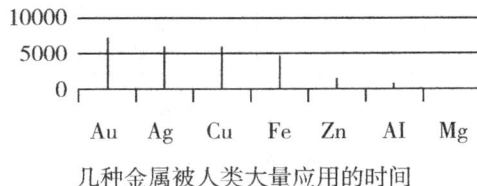

几种金属被人类大量应用的时间

图3　铝的趣史

第五节　评价知识

新课程强调建立促进学生发展的评价体系，现代教育评价理论提醒人们，课堂教学中的学生评价不容忽视。新课标积极倡导"教、学、评"一体化教学，并将之作为一条课程理念。然而，通过课堂观察发现，教师在日常教学中，"有教无评""有评无促"的现象较为普遍。这些现象极大地削弱了评价的诊断功能和发展功能的发挥。另外，有课堂评价的教师在课堂中的评价大多也只是即时的，没有对课堂中的评价进行规划设计，表现出评价的盲目性。评价行为存在着对评价缺乏整体规划、评价意识薄弱、评价内容知识化、评价反馈缺乏针对性与引导性等问题。

评价知识分析表：

评价知识	分析视角
评价内容	知识、能力、技能、思维、素养
评价方式	习题、作业、活动、测试、提问与点评、学习档案袋记录

教学的整个过程，从教学规划到课堂教学再到后续的教学反馈与跟踪，每一个环节都需要评价的参与，如果评价缺位，教师将缺失对教学的自我反思与学生学习的有序监控，教学的有效性就值得怀疑。让评价和教学融为一体，教师运用评价使教学变得有序、有效，学生借助评价和教学从被动学习和为考而学中解放出来，使学习变得更加主动。

做好教学设计是课堂落实学科核心素养的前提，在"教、学、评"一体化的理念下，教师在化学课堂教学前进行评价设计，在教学中收集学生化学学习信息、评价学生的化学学习情况，反馈评价的结果，以调控化学教与学的一系列教学行为。评价渗透到教学活动的整个过程，教、学、评之间形成一种新的动态循环回路的关系[①]（见图1）（围绕新课标把教、学、评这一教育三角形有机地结合了起来，通过评价引导教师的教学和促进学生的学习，从而实现学生的自主成长）。

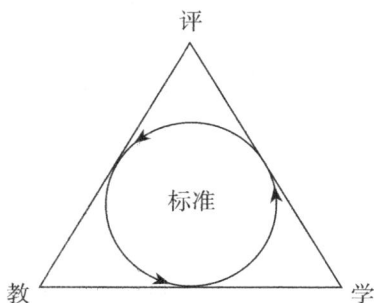

图1　动态循环回路

　　完整的教学设计一定要有知识的准备和实践的反思，所以前期要查阅文献，文献的力量不容小觑；要有教学反思，正如叶澜教授指出的：一个教师写一辈子教案不一定成为名师，如果一个教师写三年反思就有可能成为名师。教学反思是促进教师提高教学水平的有效途径，所以要大力倡导广大教师重视教学反思，并努力做到课前反思教学设计是否合理，课堂上反思教学过程是否高效，课后反思教学的得与失。写教学反思能形成常态，这一点能落实到位，相信对教师的专业发展和提升课堂效率相当有帮助。

① 唐云波.初中化学"教·学·评一体化"教学模式的构建与实施［J］.化学教育，2013（6）：50-53.

实践篇

第三章

必修课程主题内容教学设计

第一节 "化学科学与实验探究"主题教学设计

案例 一定物质的量浓度溶液的配制

广州市越秀区教师进修学校 陈珏姝

一、课程知识

1. 课标要求 [1]

（1）内容要求：①了解物质的量及其相关物理量的含义和应用，体会定量研究对化学科学的重要作用；②初步学会溶液配制的化学实验基础知识和基本技能。

（2）学业要求：能运用实验基本操作实施实验方案，具有安全意识和环保意识；能观察并如实记录实验现象和数据，能与同学合作交流，对实验过程和结果进行反思。

2. 考纲要求

（1）了解定量研究方法是化学发展为一门科学的重要标志。

（2）了解溶液浓度的表示方法；理解溶液中溶质的质量分数和物质的量浓度的概念，并能进行有关计算。

（3）掌握配制一定溶质质量分数溶液和物质的量浓度溶液的方法。

3. 考情呈现（全国卷）

年份/卷型	题型	考点
2014乙卷	客观题	容量瓶的使用方法、配制的操作
2017丙卷	客观题	配制$KMnO_4$溶液时容量瓶的使用方法
2017甲卷	主观题	$a\,mol \cdot L^{-1}Na_2S_2O_3$溶液配制过程中需要的玻璃仪器
2018乙卷	客观题	配制溶解放热的NaOH溶液的操作步骤

从考情来看，涉及"粗配"和"精配"的判断，"精配"过程中关键仪器（容量瓶）的选择和使用方法（容量瓶不能用于溶解），操作过程（溶质溶解有放热现象的需要冷却、定容时超过刻度线的处理方法）的正误判断。

4. 教材内容分析

阅读并理解三种版本教材中"配制一定物质的量浓度的溶液"的内容，从实验任务或活动探究、实验仪器介绍、实验步骤、思考与交流等方面进行比较与梳理，结果见下表。

教材版本	实验任务或活动探究	容量瓶的介绍及使用方法	实验步骤	思考与交流
人教版[2]	配制100mL 1.00mol·L^{-1}NaCl溶液	几种规格的容量瓶立体实物图、向容量瓶中转移溶液的平面操作图、配制过程示意图（无使用的文字说明）	"实验"中有文字陈述的操作步骤，但没有归纳	"学与问"中有2个思考题，涉及精确配制的问题和误差分析。"思考与交流"中有2个思考题，涉及稀释问题
鲁科版[3]	配制0.1LNaCl溶液，其中溶质的物质的量为0.04mol	"方法导引"中有100mL容量瓶的平面图及使用说明	无	"活动·探究"中讨论溶液的组成的表示方法
苏教版[4]	配制100mL 0.100mol·$L^{-1}$$Na_2CO_3$溶液	"信息提示"中有容量瓶立体实物图及使用说明	"活动与探究"中有具体、清晰的文字说明和归纳	"活动·探究"中涉及准确配制的注意事项

三种版本教材的编写在栏目设置上各有特色，其中人教版注重基础知识与基本技能，鲁科版在学生学习主体性、探究性上预留的探究空间最大，苏教版注重科学性。

二、学生知识

1. 学生的认知基础

学生已有的实验基础是初中一定质量分数溶液的配制。

学生已有的知识基础是已经学习了物质的量、摩尔质量等相关的物理量。

2. 学生的学习障碍点

"溶液组成的理解与计算"是学生认识溶液的障碍点[1]，学生对定量实验缺乏切身体会。

3. 学生的知识增长点

认识到浓度是溶液组成的定量表征，可以通过溶质、溶剂、溶液三者中的任意两者的任意物理量的比例关系来表征，也可将对浓度的认识用于定量分析其他溶液的组成[5]。

三、教学与评价目标

1. 教学目标

（1）通过观察实验报告、饮料配料表，了解物质的量浓度的应用。

（2）通过不同种类浓度溶液配制过程的讨论和分析，感受定量实验与定性实验的差异，并了解本实验设计的关键点在于溶质的物质的量和溶液的最终体积的确定。

（3）通过观察和讨论，认识容量瓶的构造和使用方法。

（4）通过实验操作，学会配制溶液过程中的有关实验技能，体会定量实验在化学研究中的重要作用。

2. 评价目标

（1）通过不同种类浓度溶液配制过程的讨论和分析，诊断学生是否唤醒对一定质量分数的溶液的配制的记忆，并能归纳出溶液配制中的实验设计关键点。

（2）通过对配制浓度精确的溶液应遵循的原则的讨论与归纳，诊断学生是否发展了对溶液组成的定量认识，形成了定量实验的意识和分析角度。

（3）通过实施配制实验的操作，诊断学生是否建立了定量实验设计的基本思维，在实验过程中是否体现了良好的思维品质、合作意识和实验操作素养。

（4）通过由浓溶液配制一定物质的量浓度的稀溶液的实验设计活动，诊断学生是否掌握了定量实验设计的基本思维。

四、教学重难点

教学重点：一定物质的量浓度溶液的配制方法。

教学难点：

（1）形成定量实验设计的基本思路。

（2）培养严谨的实验态度和定量分析与认识角度。

五、教学流程

教学流程如图1所示。

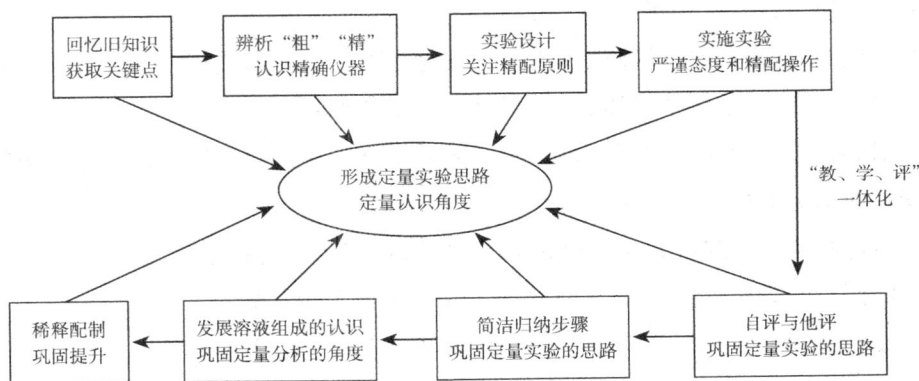

图1　教学流程

六、教学过程

温故知新——预习作业：

（1）回忆并描述初中配制100g质量分数为5%的NaCl溶液的实验过程。

（2）分析并描述100mL 2mol·L^{-1}的NaCl溶液的组成。

（3）设计实验方案，进行100mL 2mol·L^{-1}NaCl溶液的配制。

设计意图：溶质选择NaCl是出于环保和其性质稳定的考虑；唤醒学生对一定质量分数的溶液配制的记忆，巩固定量实验的基本思路；初步认识溶液的浓度（组成）由溶质和溶液的量共同决定。

环节一：了解物质的量浓度的应用

讨论交流：

（1）观察实验报告单和饮用水的成分含量表，认识物质的量浓度的应用和表示方法。

（2）预习作业，交流、完善，归纳配制一定浓度的溶液时，需要确定哪两个关键点。

设计意图：了解物质的量浓度在生活中的广泛应用，感受定量实验与定性实验的差异，并能归纳出溶液配制中的实验设计的关键点：溶质的物质的量和溶液的最终体积。

环节二：配制实验的设计

讨论1："配制100mL 2.00mol·L^{-1}的NaCl溶液"和"配制100mL 2mol·L^{-1}的NaCl溶液"，二者有何不同？

讨论2：认真观察容量瓶的构造，讨论其使用方法和注意事项。

讨论3：配制浓度精确的溶液应遵循的原则有哪些？

引导：选择溶解物质的仪器，确保溶质全部转移到容量瓶中，确保溶液的体积（加水）平视时达到刻度线。

讨论4：设计配制100mL 2.00mol·L^{-1}的NaCl溶液的实验方案。

阅读：阅读教材[2]，按教材提示进一步优化实验方案。

设计意图：认识粗配和精配的不同，初步形成定量实验的意识，认识容量瓶的构造和使用方法，发展学生对溶液组成的定量认识和分析角度。学生建立定量实验设计的基本思路：建立各相关物理量间的关系（c_B、n_B、V）→确定测定值（n_B、V）→设计获取测定值的实验方案（仪器、试剂和步骤）→数据记录与分析。

环节三：实施配制实验

实验：配制100mL 2.00mol·L^{-1}的NaCl溶液。（此处修改教材实验的"1.00mol·L^{-1}"为"2.00mol·L^{-1}"。理由是0.1L×1.00mol·L^{-1}×58.5g/mol=5.85g，而现阶段学校的天平多为托盘天平，实验操作中需要四舍五入处理为5.9g，破坏了"定量实验"中的严谨思维和态度。改为0.1L×2.00mol·L^{-1}×58.5g/mol=11.7g，比较严谨。）

自我评价记录及同伴评价，见附件。

误差分析：实施实验时，对不规范的操作进行自我总结，分析其对实验结果的影响。

设计意图：学会配制溶液过程中的有关实验技能，体会定量实验在化学研究中的重要作用；在实验过程中培养学生良好的思维品质、合作意识和实验操作素养；培养学生对实验过程和实验结果进行自我总结和及时反思的习惯。

环节四：总结、思考与提升

总结：请用简洁的语言说明准确配制100mL 2.00mol·L^{-1}的NaCl溶液的步骤。

思考与提升：

（1）将配制好的容量瓶中100mL 2.00mol·L^{-1}的NaCl溶液分装在4个试剂瓶中，溶液的组成有什么变化？[5]

（2）表示溶液浓度的方法有很多，包括质量分数、物质的量浓度、体积分数等。你对溶液的组成有了哪些新的认识？

设计意图：巩固配制溶液过程中的有关实验技能和思路，进一步发展学生对溶液组成的定量研究的认识。

环节五：巩固练习

（1）设计实验：由18mol·L^{-1}H$_2$SO$_4$溶液配制250mL 1.00mol·L^{-1}H$_2$SO$_4$溶液。

（2）实施上述实验时，还应该注意什么问题？课后请查阅资料了解"基准物质""滴定标定"的意义。

设计意图：进一步诊断和发展学生定量实验设计的基本思路。

附：实验评价表

项目	评价标准	学业质量水平	评价记录（包括自评和他评）
实验设计方案[6]	（1）实验目的的描述是否清晰、准确。 （2）是否能熟练运用有关物质的量的计算公式计算溶质的质量。 （3）实验过程思路是否清晰，步骤是否完整。关键环节和操作是否有必要的说明。 （4）能否准确量取试剂的用量。 （5）是否重视实验安全	水平二	

续 表

项目	评价标准	学业质量水平	评价记录（包括自评和他评）
分组实验	（1）能否正确使用托盘天平准确称量溶质的质量。 （2）能否选择合适的溶解仪器，完全快速地溶解固体，玻璃棒的搅拌操作是否规范。 （3）能否识别并选用合适规格的容量瓶。 （4）能否正确进行容量瓶的检漏。 （5）能否转移溶液到容量瓶中，玻璃棒的引流操作是否规范。 （6）是否用少量水洗涤烧杯和玻璃棒2~3次。 （7）转移完全部溶质后是否能轻摇容量瓶，使溶液混合均匀。 （8）能否准确完成容量瓶的定容，使用胶头滴管的操作是否规范。 （9）盖好瓶塞后，是否能反复上下颠倒，摇匀容量瓶，操作是否规范。 （10）分装入试剂瓶时，是否贴好标有准确浓度的标签。 （11）能否体验到实验的乐趣。 （12）能否对实验过程和实验结果进行总结和反思	水平二	

七、教学反思

本节课对学生的要求比较高，既要设计实验的流程，又要挖掘"配制浓度精确的溶液应遵循的原则"，更要在对"溶液的组成"定量认识提升的基础上，通过严谨的实验实践，进一步形成定量实验设计的基本思路。在严谨的实验态度的培养上得到落实，并进一步发展了定量分析溶液的组成、溶液组成的认识角度。"教、学、评"一体化，通过符合化学学科核心素养水平二的《实验评价表》，在自我评价和同伴互评中，进一步促进了学生自主反思和总结。

参考文献：

［1］房喻，徐端钧.普通高中化学课程标准（2017年版）解读［M］.北京：
高等教育出版社，2018：11-14.

［2］宋心琦，王晶.普通高中课程标准实验教科书：化学1（必修）［M］.北京：人民教育出版社，2007：15-17.

［3］王磊，陈光巨.普通高中课程标准试验教科书：化学1（必修）［M］.济南：山东科学技术出版社，2007：24-25.

［4］王祖浩.普通高中课程标准试验教科书：化学1（必修）［M］.南京：江苏教育出版社，2007：26-28.

［5］王磊.基于促进学生认识发展的"物质的量浓度"教学设计研究［J］.化学教育，2010（1）：3-7.

［6］房喻，徐端钧.普通高中化学课程标准（2017年版）解读［M］.北京：高等教育出版社，2018：229-230.

专家点评

　　能针对学生学习的障碍点进行教学设计，改进了教材中配制溶液的浓度的实验，增加了实验的严谨性，能突显"溶液的组成"的定量认识，通过实验实践，进一步形成定量实验设计的基本思路。培养严谨的实验态度和定量分析、认识角度。"教、学、评"一体化，设计了符合化学学科核心素养水平二的《实验评价表》，利用自我评价和同伴互评，使学生进一步反思和总结学习成果。

第二节　"常见的无机物及其应用"主题教学设计

案例1　氧化还原反应

广州市中山大学附属中学　张　伟

一、课程知识

1. 课标要求

（1）内容要求：《氧化还原反应》直接的内容主题是常见的无机物及其应用。

认识有化合价变化的反应是氧化还原反应[1]，了解氧化还原反应的本质是电子的转移，知道常见的氧化剂和还原剂。

（2）学业要求：能依据元素价态列举某种元素的典型代表物。能利用氧化还原反应的概念对常见的反应进行分类和分析说明。能从元素价态的角度，依据氧化还原反应原理，预测物质的化学性质和变化，设计实验，进行初步验证，并能分析、解释有关实验现象。能从元素价态变化的视角说明物质的转化路径。

2. 考纲要求

（1）了解氧化还原反应的本质[2]，了解常见的氧化还原反应，掌握常见的氧化还原反应的配平和相关计算方法。

（2）对比2019年和2018年高考化学《考试大纲》，这部分内容没有任何改动。

3. 考情分析

年份/卷型	题型	考点
2017 甲卷	客观题	实验装置图中的除氧剂
	主观题	书写陌生氧化还原方程式
2017 乙卷	客观题	电极反应式
	主观题	通过氧化还原反应滴定的核心反应，计算某种元素的质量分数；以碘量法为基础，通过氧化还原反应计算耗氧量
2017 丙卷	客观题	Na中氧化还原反应的应用，电极反应式、原电池反应式的书写
	主观题	书写陌生氧化还原反应方程式，求氧化剂和还原剂的物质的量之比
2018 甲卷	客观题	无机化学流程中判断氧化产物，电化学电极反应式、总反应方程式的书写
	主观题	书写氧化还原离子反应方程式，在氧化还原滴定实验中书写离子反应方程式
2018 乙卷	客观题	雾霾的形成过程中的氧化还原反应，电化学题中考查电极反应式的书写
	主观题	陌生的氧化还原反应方程式的书写，以氧化还原滴定为载体求算某元素的质量分数
2018 丙卷	客观题	电化学反应式的书写
	主观题	以氧化还原滴定为载体，求算样品纯度；考查氧化还原反应离子反应方程式的书写，电极反应式的书写
2019 甲卷	客观题	燃料电池电极反应式的书写
	主观题	以氧化还原反应为素材
2019 乙卷	客观题	传统文化中关于氧化还原反应的描述，Na题中氧化还原反应中电子的转移数分析，宏观现象与符号表征——氧化还原反应的对应
	主观题	根据题中信息书写氧化还原反应方程式、电化学方程式、电极反应式
2019 丙卷	客观题	电化学反应中阳极和负极电极反应式的书写
	主观题	根据题意，书写陌生氧化还原反应方程式，电解池中电极反应式的书写

由上可见，近三年这些考题呈现的形式主要是：

（1）原电池、电解池的电极反应式、总反应式的书写。

（2）通过题干、图标中的信息提示，书写陌生的氧化还原反应方程式或者离子反应方程式。

（3）以氧化还原滴定为背景，考查化学计算、守恒思想的运用等。

4. 教材内容分析

比较项目	人教版	鲁科版	苏教版
教材呈现形式	必修1： 第二章化学物质及其变化。 第三节氧化还原反应	必修1： 第2章元素与物质世界 第3节氧化剂与还原剂	专题1：化学家眼中的物质世界。 第一单元丰富多彩的化学物质
教材内容的地位功能	为元素化合物大量的方程式的书写提供技能支持，为必修2学习原电池的原理厘清思路	打好了元素化合物知识学习的理论基础	使用分散排版的方式将氧化还原反应穿插在碘、溴、氯的知识学习中，让学生对氧化还原反应有一定的基本概念
呈现顺序	在元素化合物学习之前与物质分类、离子反应一起作为重要的技能呈现	位于大量元素化合物知识学习之前	在回顾四种基本反应类型后，直接给出氧化还原反应的概念
差异性	从化合价升降、电子得失的角度分析氧化还原反应，介绍了常见的氧化剂和还原剂	从得氧失氧出发，到电子的转移、化合价的变化，逐渐引入氧化还原反应。举例丰富，分析了常见的氧化剂和还原剂的特征，重点从铁元素的集中粒子之间的相互转化入手，探讨氧化还原反应	教材的最开始，直接给出有元素化合价升降的反应叫氧化还原反应，只需要学生会判断。在氯气的性质学习时，详细介绍氧化还原反应电子的转移、氧化剂与还原剂
教材中的实验	无	实验：锌和硫酸铜溶液反应，直接反应和接入带电流计的电路中。 活动探究：铁离子的氧化性、亚铁离子的氧化性和还原性	观察与思考1：氯气与溴化钾溶液反应，四氯化碳萃取，观察现象，分析氯气的作用。 观察与思考2：氯气与碘化钾溶液反应，四氯化碳萃取，观察现象，分析氯气的作用

　　人教版和鲁科版将氧化还原反应作为研究化学的工具，在学习元素化合物之前进行介绍，鲁科版花的笔墨更多，以铁离子、亚铁离子为载体，通过实验现象的解释，完成氧化还原反应的理解。苏教版首先介绍判断氧化还原反应的方法，在氯和钠元素的教学中，渗透氧化还原反应的实质。

二、学生知识

1. 学生的认知基础

学生在初中已经学习过氧化反应、还原反应的概念，知道得氧的反应是氧化反应，失氧的反应是还原反应。

2. 学生的学习障碍点

（1）疑点：没有氧的得失，但是有化合价升降的反应，也可以叫氧化还原反应，氧化还原反应的实质是电子的转移，与得氧失氧无关。

（2）难点：将化合价的升降和电子的得失或者偏移联系起来，氧化和还原不会孤立发生，而是同时发生。

3. 学生的知识增长点

学会从化合价角度判断氧化还原反应，学会电子的转移是导致化合价升降的原因。

三、教学与评价目标

1. 教学目标

（1）通过实验探究日常生活中存在的氧化还原现象。

（2）通过对氧化还原反应本质的认识过程，初步建立氧化还原反应的认识模型。

（3）通过设计加碘食盐中碘元素的存在实验，感受氧化还原反应的价值。

2. 评价目标

（1）通过从海带中提取碘单质的探究实验设计方案的交流和点评，诊断并发展学生的实验探究水平（定性水平、定量水平）。

（2）通过对具体氧化还原反应的判断和分析，诊断并发展学生对氧化还原本质的认识进阶（物质水平、元素水平、微粒水平）和认识思路的结构化水平（视角水平、内涵水平）。

（3）通过对加碘食盐中碘元素的存在实验方案设计的讨论和点评，诊断并发展学生对化学价值的认识水平（科学价值视角、社会价值视角、学科和社会价值视角）。

四、教学重难点

教学重点：形成认识化学反应的微观视角，了解氧化还原反应本质的认识过程，建构氧化还原反应的认识模型。

教学难点：对氧化还原反应的本质的理解。

五、教学与评价思路

"氧化还原反应"教学与评价思路如图1所示。

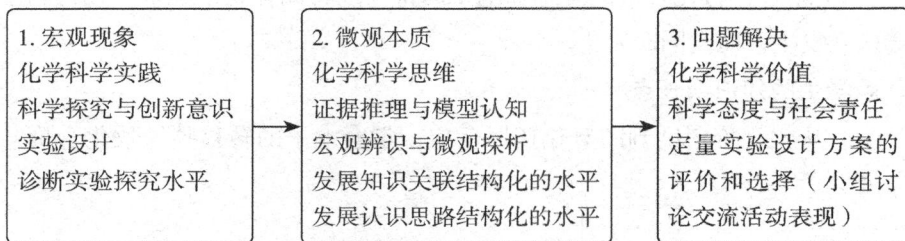

1. 宏观现象 化学科学实践 科学探究与创新意识 实验设计 诊断实验探究水平	2. 微观本质 化学科学思维 证据推理与模型认知 宏观辨识与微观探析 发展知识关联结构化的水平 发展认识思路结构化的水平	3. 问题解决 化学科学价值 科学态度与社会责任 定量实验设计方案的 评价和选择（小组讨 论交流活动表现）

图1 "氧化还原反应"教学与评价思路

六、教学过程

1. 宏观现象

学习任务1：实验探究证明海带中含有碘单质、从海带中提取碘单质（教学流程如图2所示）。

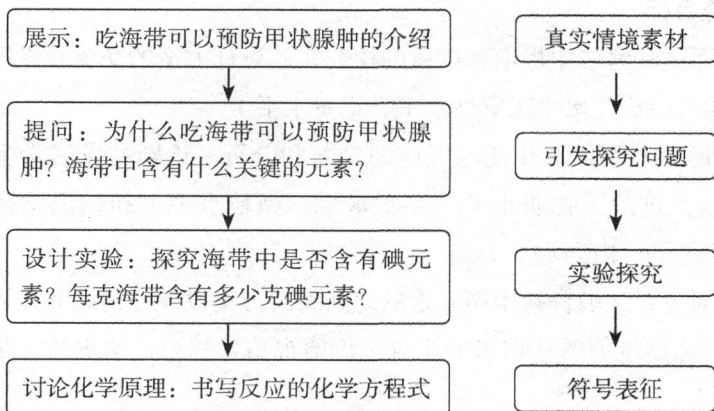

展示：吃海带可以预防甲状腺肿的介绍 → 真实情境素材

提问：为什么吃海带可以预防甲状腺肿？海带中含有什么关键的元素？ → 引发探究问题

设计实验：探究海带中是否含有碘元素？每克海带含有多少克碘元素？ → 实验探究

讨论化学原理：书写反应的化学方程式 → 符号表征

图2 学习任务1教学流程

评价任务1：诊断并发展学生化学实验探究的水平（定性水平、定量水平）。

2. 微观本质

学习任务2：揭示氧化还原反应的本质（教学流程如图3所示）。

评价任务2：诊断并发展学生对氧化还原反应本质的认识进阶（物质水平、元素水平、微粒水平）。

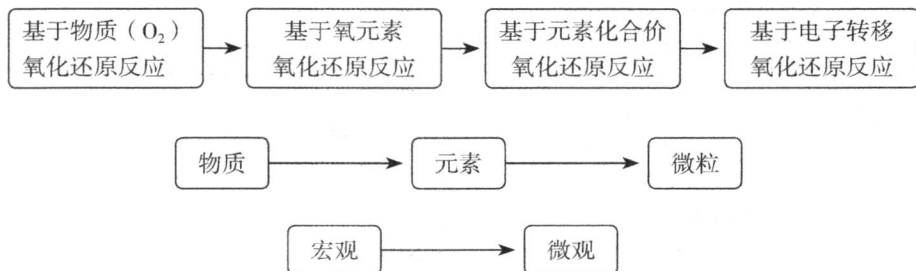

图3　学习任务2教学流程

学习任务3：建立氧化还原反应认识模型（教学流程如图4所示）。

图4　学习任务3教学流程

评价任务3：诊断并发展学生对氧化还原反应认识思路的结构化水平。

3. 问题解决

学习任务4：运用氧化还原反应原理，设计并讨论加碘食盐中碘含量的测定方案（教学流程如图5所示）。

评价任务4：诊断并发展学生对化学价值的认识水平（学科价值视角、社会价值视角、学科和社会价值视角）。

```
┌─────────────────────────────┐        ┌─────────────────┐
│ 展示：加碘食盐可以预防甲状腺肿  │        │   真实情境素材    │
└──────────────┬──────────────┘        └────────┬────────┘
               │                                 │
               ▼                                 ▼
┌─────────────────────────────┐        ┌─────────────────┐
│ 提问：如何设计实验定量测定食盐中碘 │        │   引发探究问题    │
│ 的含量？                      │        └────────┬────────┘
└──────────────┬──────────────┘                 │
               │                                 ▼
               ▼                        ┌─────────────────┐
┌─────────────────────────────┐        │   讨论探究       │
│ 方案设计：根据氧化还原反应和碘量法 │        └─────────────────┘
│ 信息，设计实验方案             │
└─────────────────────────────┘
```

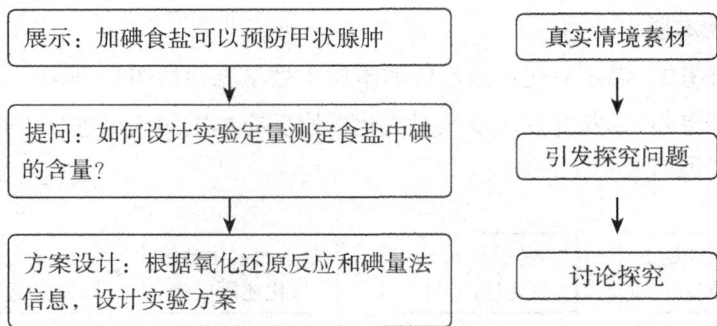

图5　学习任务4教学流程

七、教学反思

"氧化还原反应"是高中化学必修课程中的核心概念，它不仅是一种十分重要的化学反应类型，而且在生产、生活等各个方面具有广泛的应用。因此，这一概念具有重要的学科价值和社会价值。同时，这一概念的构建过程具有较为丰富的化学学科核心素养发展价值。

1. 真实情境创设

加碘食盐可以预防甲状腺肿是学生在小学就知道的知识，也听长辈说过海带可以补碘，怎样证明海带中含有碘元素呢？正是这一真实的问题激发了学生的探究兴趣，使学生迫切想通过实验进行探究，从生活世界走进化学世界。学生提前查询了资料，知道碘水遇到淀粉溶液出现蓝色。同时给出几种氧化剂让学生选择，包括过氧化氢、酸性高锰酸钾溶液、氯水等，在这里没有学习元素化合物，但是给出物质的化学式，引导学生从化合价的角度入手思考，选择试剂。

2. 注重基于"学习任务"开展素养为本的教学

几个学习任务层层递进，将具体知识点联系起来，实现了知识结构化：

"学习任务1"突出"实验探究"；"学习任务2"强调学科本源，体现氧化还原反应的认识进阶，从"物质"到"元素"再到"电子"，从"宏观"到"微观"；"学习任务3"注重氧化还原反应的一般认识思路的结构化和显性化；"学习任务4"强化氧化还原反应知识的社会价值，体现"定量检测"在生活中的应用，增强学生的科学精神和社会责任。

3. 注重认识思路的结构化和显性化

"结构化"实现了知识向素养的转化，"结构化"水平直接决定着素养发展水平。引导学生从宏观（元素化合价）与微观（电子）、质（化合价升降、有电子的转移）与量（化合价升降或者电子转移的代数和为0）两个视角进行揭示，在此基础上提炼出氧化还原反应的一般认识思路，并用框图的形式对这一思路显性化，学生按此认识思路就能进行知识迁移，对大量的氧化还原反应进行判断。

4. 注重"教、学、评"一体化

通过学生设计实验方案、小组讨论等活动的表现，运用提问、点评的方式，对学生氧化还原反应的学习质量和化学学科核心素养的发展水平给予准确的把握，并给出进一步深化的建议，充分发挥化学日常学习评价的诊断与发展功能。

参考文献：

[1] 中华人民共和国教育部.普通高中化学课程标准（2017年版）[M].北京：人民教育出版社，2018.

[2] 教育部考试中心.2019年普通高等学校招生全国统一考试大纲说明（理科）[M].北京：高等教育出版社，2018.

专家点评

本节课的教学设计注重真实问题情境的创设（海带提碘），体现氧化还原反应的认识进阶，从"物质"到"元素"再到"电子"，从"宏观"到"微观"，注重氧化还原反应一般认识思路的结构化和显性化，并从STSE（科学、技术、社会、环境）视角强化氧化还原反应知识的社会价值，体现"绿色化学"的理念，增强学生的社会责任感。同时运用提问、点评等方式，落实评价与教、学的一体化，充分发挥了学习评价的诊断和发展功能。

案例2　离子反应

广州市培正中学　陈云岭

一、课程知识

1. 课标分析

（1）课标要求：新课标对电离和离子反应的内容要求为：认识酸、碱、盐等电解质在水溶液中或熔融状态下能发生电离。通过实验事实认识离子反应及其发生的条件，了解常见离子的检验方法[1]。

从形成化学基本观念的角度分析，离子反应是微观的、抽象的，能体现反应的本质。课堂教学是帮助学生结合具体实例，通过归纳、演绎、推广的方法，从微观的角度进一步认识反应的实质。离子反应是元素化合物知识的理论依据，也是选修模块中水溶液中的离子平衡、电化学基础的生长点，有着承前启后的功能，是高中化学中非常重要的理论基础知识[2]。

（2）学业要求：学生不仅要运用分类的思想认识物质与反应，还要建立电离的概念，从微观角度理解电离的过程，并能用电离方程式进行符号表征，从离子的来源和去向的角度认知电解质在水溶液中的行为，即从微观的角度分析溶液中微粒的存在状态、微粒间的相互作用及其作用结果，形成微观实质解释宏观现象及从宏观现象推测微观实质的思维路径。认识离子反应及其发生的条件，并能用离子反应方程式进行符号表征。

2. 考纲要求

（1）了解离子反应的概念、离子反应发生的条件。

（2）掌握常见离子的检验方法。

3. 考情呈现（全国卷）

年份/卷型	题型	考点
2018乙卷	客观题	电极离子反应方程式的正误判断
	主观题	实验大题中陌生反应离子反应方程式的书写，1小题
		流程大题中陌生反应离子反应方程式的书写，共2小题

续表

年份/卷型	题型	考点
2018甲卷	客观题	电极离子反应方程式的正误判断
	主观题	流程大题中陌生反应离子反应方程式的书写，共2小题
2018丙卷	客观题	流程大题中陌生反应离子反应方程式的书写，1小题

从考情来看，涉及电极反应的离子反应方程式的书写与正误判断、陌生情境的离子反应方程式书写是必考点。离子反应是考查学生接受、吸收、整合化学信息能力的好题型，能充分考查学生从提供的新信息中，准确地提取实质性内容并与已有知识整合、重组为新知识的学科素养。

4. 教材内容分析

比较项目	人教版	鲁科版	苏教版
呈现位置、教材呈现形式	必修1第二章第二节离子反应	必修1第2章第2节离子反应电解质	必修1专题1第一单元丰富多彩的化学物质——物质的分散系——电解质专题2第二单元钠、镁及其化合物——离子反应
呈现顺序	酸、碱、盐在水溶液中的电离（电解质的概念、电离方程式）→离子反应及其发生的条件（离子反应的概念、离子反应方程式的书写、离子反应发生的条件）	电解质及其电离（电解质的概念、电离、电离方程式）→电解质在水溶液中的反应（离子反应的概念、离子反应方程式的书写）	物质的分散系→电解质、电离强弱电解质→离子反应的概念→离子反应方程式的书写
主要内容	从初中已学的熟悉物质导电情况引入电解质概念，通过图2-9电解质在水中的溶解和电离示意图引入电离方程式的书写。通过实验2-1引入离子反应及离子反应方程式的书写。通过实验2-2理解用离子反应方程式表示同一类型的反应。通过实验2-3分析离子反应发生的条件	从常见酸、碱、盐的导电性实验引入电解质的概念。通过图2-2-4和图2-2-5分析电解质的电离过程，学习电离方程式的书写。通过同浓度的盐酸和醋酸溶液的导电性对比，引入强弱电解质的概念，及其电离方程式的书写区别。从实验H_2SO_4溶液和$Ba(OH)_2$溶液的反应导电性分析离子反应的实质及概念。通过酸碱反应学习离子反应方程的书写及反应发生的条件	专题1从分散系氯化钠溶液引入电解质的概念、电离、电离方程式。专题2在碳酸钠与碳酸氢钠的性质学习后通过常见酸、碱、盐的导电性实验引入强弱电解质的概念及其电离方程式。通过对化学反应现象的分析，介绍离子反应及其发生的条件。最后还介绍了氧化还原型的离子反应

通过对现行三种版本教材的对比分析，发现人教版和鲁科版都将"离子反应"放在必修1第二章中学习，让高一的学生对高中阶段将学习运用的化学工具有初步的了解，为之后的元素化合物学习奠定基础。而苏教版在必修1的专题1先引入电解质的概念，在专题2碳酸钠与碳酸氢钠的性质学习后通过常见酸、碱、盐的导电性实验引入强弱电解质的概念及其电离方程式，稍高于人教版和鲁科版的学习要求，分层递进，并让学生在学习了部分元素化合物后才学习离子反应，并马上应用于已学化合物反应的微观表示。现行三种版本教材的设计编排，都能让学生进一步建立化学反应事实与化学用语之间的联系，初步建立"宏观—微观—符号"三重表征的思维方式。

二、学生知识

1. 学生的认知基础

学生通过初中化学的学习，已初步了解物质在水溶液中有的能导电，有的不能导电，知道酸、碱、盐溶液的导电性和它们在水溶液中解离成离子有关，知道常见的酸、碱、盐在水溶液中能够解离成自由移动的离子，可大部分学生对什么样的物质能产生离子，如何产生离子等关键问题不是十分明确，无法准确表征，只能从宏观角度而不能从微观角度认识酸、碱、盐及物质间的反应，只关注到离子的种类，不能关注到离子的数量，从定量的角度分析问题的能力较弱[3]。

2. 学生的学习障碍点

（1）疑点：电解质溶液之间反应的本质、离子反应的条件。

（2）难点：直接从微观离子角度分析离子间的反应，初步达成"能从宏观和微观相结合的视角分析与解决实际问题"的化学学科核心素养培养目标。

3. 学生的知识增长点

能用离子反应方程式表征离子反应的实质，建立水溶液分析的思维模型。

三、教学与评价目标

1. 教学目标

（1）根据实验提供的反应事实，能够从微观角度分析实验现象，建立离子反应的概念，了解离子反应进行的条件，并能判断离子反应能否发生。

（2）能够根据实验事实，分析参加反应的离子种类和数量比例，书写离子反应方程式。

（3）通过对实验事实进行分析，知道离子反应方程式代表了一类反应。

（4）通过对离子反应概念、离子反应方程式的书写等知识的学习，进一步建立化学反应事实与化学用语之间的联系，建立"宏观—微观—符号"三重表征的思维方式。

（5）通过对离子反应本质的学习，体会分类研究能够更好地掌握物质变化的规律，完善物质变化观。

2. 评价目标

（1）通过导电实验现象，写出交流与点评，诊断并发展学生实验探究的水平。

（2）通过对溶液组成的分析和溶液性质的分析，诊断并发展学生对电解质概念的认识进阶水平。

（3）通过对电解质溶液间反应本质和离子反应条件的交流与点评，诊断并发展学生对化学反应认识的层次。

（4）通过对真实复杂问题解决的应用思路分析，诊断并发展学生宏观、微观相结合解决问题的能力，发展学生宏观辨识与微观探析的化学学科核心素养[4]。

（5）通过对水溶液中不同数量的微粒反应的分析，诊断并发展学生认识离子数量与物质宏观组成之间的关系，发展学生变化的化学观念及化学反应辨识能力水平。

四、教学重难点

教学重点：建立"宏观—微观—符号"三重表征的思维方式。

教学难点：从离子角度根据实际参加反应的离子的种类和数量关系书写离子反应方程式。

五、教学过程

教学环节	教师活动	学生活动	设计意图及培养的学科核心素养
环节一	演示实验1：分别观察H_2SO_4溶液和$Ba(OH)_2$溶液的导电性。 实验装置为 石墨　　　　石墨 演示实验2：向$Ba(OH)_2$溶液滴入几滴酚酞溶液，然后滴加H_2SO_4溶液，观察溶液中的现象和电流表指针的变化。 问题1：通过演示实验2，对H_2SO_4溶液和$Ba(OH)_2$溶液的反应有了哪些新的认识？	分析溶液导电的原因。书写H_2SO_4和$Ba(OH)_2$的电离方程式。学生互相纠正。 分析归纳： 溶液导电性改变的原因分析——离子浓度的改变——离子反应	复习之前学习的内容：电离、电解质、非电解质等关键概念，电离方程式的书写。 能够从微观角度认识和描述电解质在水溶液中的电离、存在形式和反应
环节二	问题2：如何表示H_2SO_4溶液和$Ba(OH)_2$溶液的反应？ 问题3：这个反应的实质是什么？	学生书写H_2SO_4溶液和$Ba(OH)_2$溶液反应的化学方程式。 分析这个反应的实质为SO_4^{2-}与Ba^{2+}的反应及OH^-与H^+的反应。 理解离子反应的概念、特点	认识离子反应的本质，增强学生的"离子意识"。建立宏观、微观相结合的认识角度，能依据宏观现象分析离子间的相互作用

教学环节	教师活动	学生活动	设计意图及培养的学科核心素养
环节三	电解质溶液间的反应实质上是离子间的反应，而化学方程式不能表示出这种反应的实质，有没有一种方程式可以表示出离子反应的实质呢？ 示范离子反应方程式的书写 NaOH+HCl = NaCl+H₂O 强调： ①表示一类物质的反应； ②按一定数量比例反应且只能用一个离子反应方程式表示	分析书写离子反应方程式的步骤。 练习书写 H₂SO₄ 溶液和 Ba（OH）₂溶液反应的方程式及 CuSO₄溶液与 NaOH 溶液反应的离子反应方程式。 学会利用实际参加反应的离子的种类和数量比例书写离子反应方程式，总结离子反应的意义	利用离子反应方程式进行表征，发展学生宏观辨识与微观探析、证据推理的化学学科核心素养。 学会用离子反应方程式表示电解质溶液间反应的本质，知道离子方程式的所表示的意义
环节四	是否所有电解质溶液混合都会发生离子反应？ 分析离子反应发生的条件。 讨论归纳：常见的难溶物质、难电离物质及易挥发的物质。 展示学生练习情况，分析书写离子反应方程式的易错点。 问题4：某化工厂排放的污水中含有CuSO₄，请选择治理污染需要的试剂，说明你的判断依据	讨论离子反应发生的条件，得出判断离子反应能否发生的方法。 分组讨论问题4，并各自用离子反应方程式表达依据，组员分析书写的离子反应方程式的正误	从微观角度探究离子反应发生的条件，得出判断离子反应能否发生的方法。 应用思路分析解决真实复杂问题，固化宏观、微观相结合、定性定量相结合的分析思路：确定认识对象（溶质或溶剂）、分析微粒种类和数量、分析微粒间的相互作用、分析作用结果
环节五	演示实验3：向Na₂CO₃溶液中逐滴滴加稀盐酸，观察现象并用离子反应方程式表示其反应。 小结：离子反应方程式的意义、书写方法、发生条件	分组讨论在Na₂CO₃溶液中逐滴滴加稀盐酸的实验中所有的化学反应、离子反应，并分步书写相应的离子反应方程式	认识离子数量与物质宏观组成之间的关系。发展学生宏观辨识与微观探析的化学学科核心素养、变化的化学观念

六、教后反思

　　"离子反应"是学生学习"金属及其化合物"和"非金属及其化合物"的重要理论工具。因此本节课非常重视工具核心思维模式的建立，希望使学生能透过物质本身从离子的角度认识电解质在水中的溶解、电离和反应，从而达到了解溶液的微观组成（种类和数量）和变化本质的目的，帮助学生在学习元素化合物知识时更好地理解反应的本质，也能让学生在学习"水溶液中的离子平衡"时从微观角度理解平衡的建立和移动。

这节课的设计思路为创设问题情境，精心选择探究实验和素材，逐级展开对离子反应问题的探究和讨论，整体设计为概念的建立—深化理解—应用功能化。教学中重视学生的主体地位，通过适当的开放性问题，进行充分的生生和师生交流对话，展现学生思维方式的建立和发展过程，争取达到将概念原理知识转化为学生解决问题的思维方式、成为学生解决问题的思维工具的目的，发展学生宏观辨识与微观探析的化学学科核心素养、变化的化学观念[5]。

在实际教学中，容易出现部分学生知识缺失较多的现象：初中的复分解反应、难溶物的知识等遗忘了，书写离子反应方程式时难以准确判断化合物是否能用离子表示。最后的环节五分析Na_2CO_3溶液中逐滴滴加稀盐酸的实验中所有的离子反应，并分步书写相应的离子反应方程式，是要培养学生认识离子数量与物质宏观组成之间的关系，这对学生的能力要求较高，在学生遇到困惑时，教师应逐步引导学生分析，鼓励学生敢想敢写。"宏观—微观—符号"三重表征的思维方式，还需要在以后的教学过程中反复强化。

参考文献：

［1］房喻，徐端钧.普通高中化学课程标准（2017年版）解读［M］.北京：高等教育出版社，2018：11-14.

［2］杨梓生.对高中化学学科核心素养的认识［J］.中学化学教学参考，2016（15）.

［3］杨梓生，吴菊华.学生素养发展视野下的"假说——演绎推理"概念学习——以高中必修化学"离子反应"教学为例［J］.福建基础教育研究，2017（11）.

［4］陈美娟.提供教学支架，突破教学难点——以《溶液中的离子反应》中的两个问题为例［J］.中学教学参考，2016（8）.

［5］王丽，杨承印."教—学—评一致性"实践探索——以"离子反应"教学为例［J］.中学化学教学参考，2017（5）.

专家点评

　　通过导电实验模型的搭建，帮助学生建立和深入理解电解质的概念。运用实验探究的活动设计，引导学生进行小组讨论、合作学习，达到学生能准确描述离子反应的本质、解释离子反应发生的条件的目的，突出"宏观辨识、微观探析"的化学学科核心素养的形成。在"宏微结合"和"符号表征"两个方面，都用到学生非常熟悉的"实验情境素材"来激发学生的学习兴趣，培养了学生的观察能力和分析能力，帮助学生从定性和定量两个角度来建立微粒观和变化观。

案例3　物质的分类

北大附中广州为明实验学校　陈习根

一、课程知识

1. 课标要求

　　（1）内容要求：①感受分类是学习和研究化学性质及其变化的一种重要科学方法；②了解两种常用的、具体的分类方法：交叉分类法和树状分类法；③能用不同的方法对化学物质及其变化进行分类。

　　（2）学业要求：①知道分类是学习系统知识的重要科学方法和研究手段；②能熟练运用交叉分类法和树状分类法对化学物质及其变化进行分类；③能用分类的方法推导同类物质的性质。

2. 教材内容分析

　　（1）人教版教材分析

　　从必修1教材内容结构分析，第一章是从化学科学研究手段——化学实验方面展开化学科学学习的，而第二章则是从化学学科内容方面展开化学学科学习的。其在学科内容方面是学生认识化学科学的起始章，是义务教育阶段和高中化学的纽带与桥梁，对于发展学生的科学素养，引导学生有效进行高中阶段的化学学习，具有非常重要的承前启后的作用。人教版必修1教材内容结构分析如图1所示。

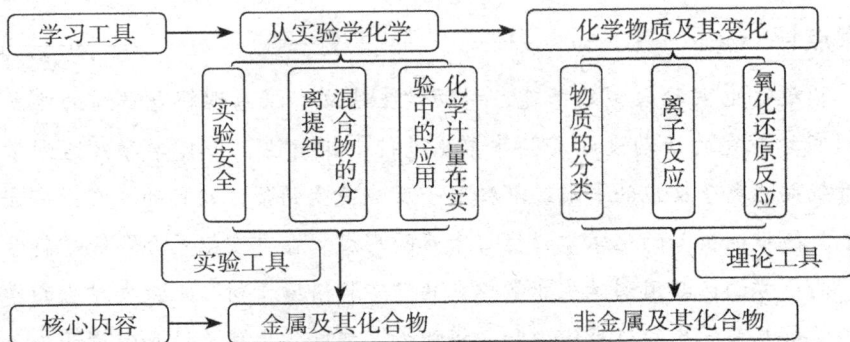

图1　人教版必修1教材内容结构分析

本章内容分三个部分——物质的分类、离子反应和氧化还原反应，都属于化学基本概念范畴，是学生学习元素化合物重要的理论工具，也是深入认识和理解物质性质和化学变化的入门性知识，为化学必修课程的学习，乃至整个高中阶段的化学学习奠定了重要的基础。因此，本章内容占有特殊的地位，具有重要的功能，是整个高中化学的教学重点之一。

从化学基本观念体系分析，本章内容作为重要的化学基本概念知识，涉及学生元素观、微粒观、变化观和分类观的进一步形成与完善。化学基本观念体系分析如图2所示。

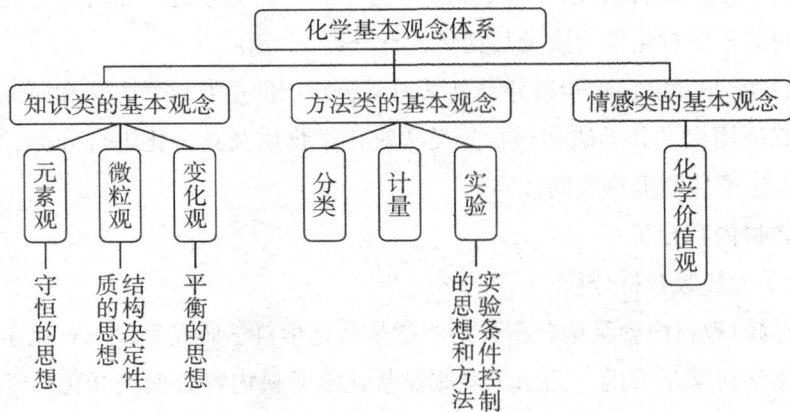

图2　化学基本观念体系分析

（2）鲁科版教材分析

从必修1教材内容结构分析，第1章也是从化学科学研究手段——采用案例研究的方法对研究物质性质的方法和程序展开化学学科的学习，而第2章则是从化学学科学习的基本方法和基本原理展开化学学科的学习的。其在学科内容方面是学生认识化学科学的起始章，是义务教育阶段化学和高中阶段化学的纽带与桥梁，对于发展学生的科学素养，引导学生有效进行高中阶段的化学学习，具有非常重要的承前启后的作用。鲁科版教材结构分析如图3所示。

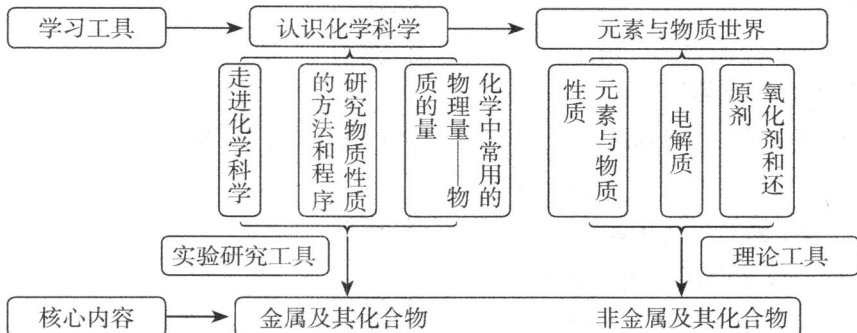

图3　鲁科版教材结构分析

本章内容分三个部分——元素物质的分类、电解质与氧化剂和还原剂，都属于化学基本概念范畴，是学生学习元素化合物重要的理论工具，也是深入认识和理解物质性质和化学变化的入门性知识，为化学必修课程的学习，乃至整个高中阶段的化学学习奠定了重要的基础。因此，本章内容占有特殊的地位，具有重要的功能，是整个高中化学的教学重点之一。从化学基本观念体系分析，本章内容作为重要的化学基本概念知识，涉及学生元素观、微粒观、变化观和分类观的进一步形成与完善。

（3）苏教版教材分析

从必修1教材内容结构分析，专题1从化学的基本概念和原理开始学习化学，分为三个单元学习，分别是丰富多彩的化学物质，研究物质的实验方法，人类对原子结构的认识。因此专题1化学学科学习的基本方法和基本原理展开化学学科的学习。

二、学生知识

1. 学生的认知基础

学生在初中的化学学习中已经初步了解物质及其变化分类方法，掌握了四种基本反应类型的分类及其判断，掌握了物质世界简单的树状分类。上述学习将为进一步学习打下基础，通过进一步学习建立学生化学学科重要的思维方式与学科素养——演绎思维、类比推理和迁移能力。

2. 学生的学习障碍点

（1）疑点：如何选择分类的标准？如何进行类比迁移的运用？

（2）难点：类比迁移的运用。

3. 学生的知识增长点

（1）完善分类方法思想的建立。

（2）逐步建立类比迁移思维与学习方法，为下面元素化合物的学习做好准备。

三、教学与评价目标

1. 教学目标

（1）知道分类的目的是掌握同类物质的共同性质，分类的标准决定了同类物质的性质，初步了解树状分类法和交叉分类法。

（2）能根据物质的组成和性质对纯净物进行分类，了解各类物质的共同性质及不同类别物质之间的转化规律。

2. 评价目标

（1）通过对学生熟悉的物质进行分类，诊断学生对分类法的认识水平。

（2）通过学生将物质归类，分析物质的共性和差异的教学过程，暴露学生从分类到应用的思维盲点，反馈学生分类观建立的知识和技能水平。

四、教学流程

教学流程如图4所示。

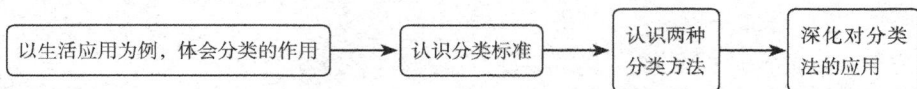

以生活应用为例，体会分类的作用 → 认识分类标准 → 认识两种分类方法 → 深化对分类法的应用

图4　教学流程

五、教学重难点

教学重点：建立同类物质化学性质相似、转化关系相似的观念。

教学难点：认识金属和非金属的常见转化线路，为第三、四章的学习奠定基础；运用"类别"的相似性，迁移书写陌生化学方程式。

六、教学过程

环节一：学会分类及分类的标准

引入：在第一章的学习中，我们知道化学的学习是离不开实验的，假设现在要做制取氢气的实验，用什么药品？怎样才能快速地在实验室中找到我们所需要的药品？（投影实验准备室图片，暗示实验药品分类摆放）

学生回答：用锌粒与稀硫酸反应制取氢气。在放金属的柜子找锌，在放酸的柜子找稀硫酸。

引入分类法：我们之所以能很快找到所需的药品，是因为实验老师已经把药品进行了分类摆放。把大量事物按照事先设定的"标准"分类，是人们最熟悉也是最方便的工作方法。

投影：目前人类发现和合成的化学物质超过3000万种，面对这么多的化学物质和如此丰富的化学变化，运用分类的方法不仅能使有关化学物质及其变化的知识系统化，还可以通过分门别类的研究，发现物质及其变化的规律。

讲述：这节课我们学习并应用物质的分类方法。

板书：第一节　物质的分类

提问：实验老师把药品分类的标准是什么呢？（提示物质分类一般按照其组成、性质或用途进行）

学生回答：组成。

讲述：在初中，我们就学过根据组成物质的不同将物质分为混合物和纯净物，将纯净物分为单质和化合物，将化合物分为酸、碱、盐和氧化物。

板书：物质分类

物质的分类如图5所示。

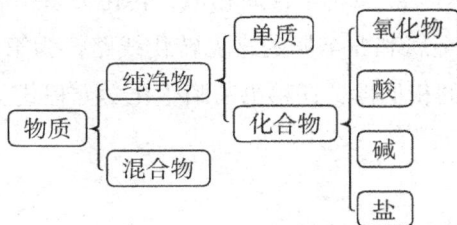

图5　物质的分类

讲述：在教材P25也有这个图，这是一种对同类事物进行再分类的方法。它看上去像一棵树，我们称它为树状分类法。

学生练习：在图2-3的方框内填上具体的化学物质。填完后四人小组相互交流。

学生汇报所填的物质。

根据学生的回答板书（有意识书写以下物质，为后面埋下伏笔）：

单质　Ca　C　H_2

氧化物　CaO　CO_2　H_2O

酸　HCl　H_2CO_3　H_2SO_4

碱　$Ca(OH)_2$　NaOH　$Ba(OH)_2$

盐　$CaCl_2$　Na_2CO_3　$BaSO_4$

混合物　空气　自来水

提问：将物质分为混合物和纯净物，将纯净物分为单质和化合物，将化合物分为氧化物、酸、碱、盐的依据分别是什么？（提示观察黑板所写的物质和各类物质的定义）

学生回答：根据组成物质是否单一把物质分为混合物和纯净物，根据组成元素的异同把纯净物分为单质和化合物，根据组成的差异把化合物分成氧化物、酸、碱、盐。

投影（见图6）：

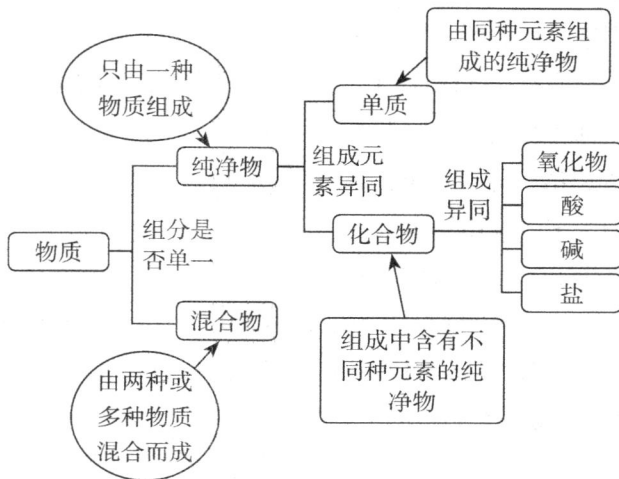

图6　物质组成分类

提问：观察黑板上所写的物质，若要你根据组成元素的不同对单质、氧化物、酸、碱、盐继续分类下去，可以怎样分？讲出分类的依据。

学生回答：单质（金属单质、非金属单质）、氧化物（金属氧化物、非金属氧化物）、酸（一元酸、多元酸，含氧酸、无氧酸，强酸、弱酸）、碱（一元碱、多元碱，可溶性碱、不溶性碱）、盐（钠盐、钙盐、碳酸盐、硫酸盐）。

总结：当分类标准不同时，同一物质可归为不同的类别，就出现了交叉分类法，如教材P24，图2-2。所以我们在分类时一定要把分类的标准设定好。混合物的分类我们在下一课时会讲到。

设计意图：让学生明白分类的重要性和分类的方法与标准。

环节二：建立"同类物质性质相似"的观点

引入：回到刚才制取氢气的实验。假如我们找不到锌和稀硫酸，是不是就制取不了氢气了？

学生回答：可以用金属镁或铁代替锌，用盐酸或醋酸代替稀硫酸。

提问：为什么可以用金属镁或铁代替锌，用盐酸或醋酸代替稀硫酸。

学生回答：同类物质性质相似，活泼金属能与酸反应生成氢气。

板书：同类物质性质相似

1. 活泼金属+酸→盐+氢气

引导：接下来，我们学习氧化物性质的规律。

小组讨论：金属氧化物CaO、Fe_2O_3和CuO有哪些相似的化学性质？

学生回答：都能与酸反应，产物是盐和水。

投影：$CaO+2HNO_3=Ca(NO_3)_2+H_2O$

$Fe_2O_3+6HCl=2FeCl_3+3H_2O$

$CuO+H_2SO_4=CuSO_4+H_2O$

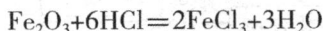

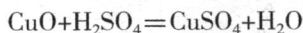

小结：像CaO、Fe_2O_3和CuO一样，能与酸反应生成盐和水的氧化物称为碱性氧化物。凡是属于碱性氧化物类别的物质都能与酸反应。

2. 碱性氧化物+酸→盐+水

讲述：接下来我们以CO_2为例，看看非金属氧化物有哪些性质。

提问：CO_2能发生哪些化学反应？

学生回答：能与澄清石灰水或NaOH反应。

投影：$CO_2+Ca(OH)_2=CaCO_3\downarrow+H_2O$

$CO_2+2NaOH=Na_2CO_3+H_2O$

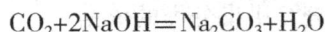

小结：像CO_2一样，能与碱反应生成盐和水的氧化物称为酸性氧化物。

3. 酸性氧化物+碱→盐+水

提问：在初中，我们学过SO_3能与碱反应生成盐和水，可以把它归为哪一类氧化物？

学生回答：酸性氧化物。

练习：写出SO_3与NaOH的反应方程式。

投影学生答案并评价：$SO_3+2NaOH=Na_2SO_4+H_2O$

提问：SO_2是大气污染物，是造成酸雨的"元凶"。它有刺激性气味，会对人体健康造成影响。实验室做SO_2的性质实验时，可以用什么方法除去SO_2尾气？（提示：它属于酸性氧化物）

学生回答：用NaOH溶液吸收尾气。

练习：写出SO_2与NaOH的反应方程式。

投影答案：$SO_2+2NaOH=Na_2SO_3+H_2O$（提示：产物Na_2SO_3称为亚硫酸钠）

提醒：不是所有的金属氧化物都是碱性氧化物，只有能与酸反应生成盐和水的才是。同样，不是所有的非金属氧化物都是酸性氧化物，如CO，只有能与碱反应生成盐和水的才是。在后面的学习中，我们会学习到。

设计意图：让学生明白建立"同类物质性质相似"的观点。

环节三：进一步归纳不同类物质间转化的方法

投影：Ca→CaO→Ca（OH）$_2$→CaCO$_3$，C→CO$_2$→H$_2$CO$_3$→CaCO$_3$

提问：怎样实现以上两条关系的转化？

学生回答：Ca与O$_2$反应生成CaO，CaO与水反应生成Ca（OH）$_2$，Ca（OH）$_2$与CO$_2$反应生成CaCO$_3$。C与O$_2$反应生成CO$_2$，CO$_2$与水反应生成H$_2$CO$_3$，H$_2$CO$_3$与CaO或Ca（OH）$_2$反应生成CaCO$_3$。

提问：这些物质分别属于哪个类别？

学生回答。

投影：

Ca ——→ CaO ——→ Ca（OH）$_2$ ——→ CaCO$_3$　　C ——→ CO$_2$ ——→ H$_2$CO$_3$ ——→ CaCO$_3$
金属　碱性氧化物　　碱　　　　　盐　非金属　酸性氧化物　　酸　　　盐

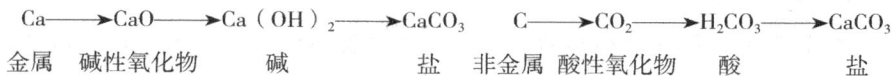

提问：请大家根据这两条转化关系式，归纳出其他类物质间的转化方法，四人小组相互交流。

小组讨论。

第一组学生回答：金属和非金属单质能与氧气反应生成氧化物。

板书：金属和非金属单质与氧气反应：单质+氧气→氧化物

第二组学生回答：碱性氧化与水反应生成碱、酸性氧化物与水反应生成酸。

提问：氧化物都能与水反应吗？

学生回答：部分可以。

第三组学生回答：酸与碱反应生成盐和水。

板书：酸与碱反应生成盐和水：酸+碱→盐+水

小结：当分类的标准确定之后，同类事物在某方面的相似性可以帮助我们做到举一反三。

设计意图：归纳不同类物质间转化的方法。

七、教后反思

（1）紧扣化学学科核心素养，培养学生宏观辨识与微观探析的能力。布置任务——学生从宏观和微观分析归纳同类物质的相似性质和不同物质间的转化方法，突破教学重难点。

（2）精心设置教学环节，设计教学任务，让学生有事做，学生参与度高，让沉闷的理论课变得有趣，课堂气氛活跃，学生积极投入课堂，小组讨论紧跟教师思路和引导，听课效率高。

（3）注重"教、学、评"一体化，选取学生熟悉的物质切入，从特殊到一般，学生归纳同类物质的性质相似和不同物质间的转化方法，强调分类的重要性，紧扣学生的认识进阶，教学评价渗透到每个教学过程。

专家点评

本节教学设计中最核心的过程是学生分类观的建构。教师设计活动，让学生对常见的物质进行分类，在任务驱动式的学习过程中，让学生体会分类标准的多样化，帮助学生清楚掌握了化学分类法的标准和应用意义。该节教学设计，突出了"宏观辨识和微观探析"的化学学科核心素养的养成。教师设计学生活动：认识类别与物质性质的关系，认识类别与化学反应规律的关系，让学生深刻理解了分类法在学习后续元素化合物知识中的工具价值。

案例4　硫及其化合物

广州市海珠实验外国语中学　蔡文青

一、课程知识

1. 课标要求

（1）内容要求：《硫及其化合物》直接的内容主题是常见的无机物及其应用，相关的内容主题是科学探究、科学态度与社会责任。

结合真实情境中的应用实例或通过实验探究，了解硫及其重要化合物的主要性质，认识这些物质在生产中的应用和对生态环境的影响；结合实例认识硫及其化合物的多样性，了解通过化学反应可以探索物质性质、实现物质转化；认识物质及其转化在促进社会文明进步、自然资源综合利用和环境保护中的重要价值。

（2）学业要求：能依据物质类别和元素价态列举某种元素的典型代表物；能从物质类别、元素价态的角度，依据复分解反应和氧化还原反应原理，预测物质的化学性质和变化，设计实验进行初步验证，并能分析解释有关实验现象；能从物质类别和元素价态变化的视角说明物质的转化路径；能有意识地运用所学的知识或寻求相关证据参与社会性议题的讨论（如酸雨和雾霾防治、水体保护、食品安全等）。

2.考纲要求

（1）了解常见非金属元素单质及其重要化合物的制备方法，掌握其主要性质及其应用。

（2）了解常见非金属元素单质及其重要化合物对环境的影响。

3.教材内容分析

比较项目	人教版	鲁科版	苏教版
教材呈现形式	第四章第三节硫和氮的氧化物	第3章第3节硫的转化	专题4硫、氮和可持续发展第一单元含硫化合物的性质和应用
呈现顺序	$S \rightarrow SO_2$、$SO_3 \rightarrow H_2SO_3$、H_2SO_4	自然界中不同价态S的转化→实验室里研究不同价态S的转化→酸雨及其防治	二氧化硫的性质和作用→硫酸的制备和性质→硫和含硫化合物的相互转化
教材中的实验	实验4-7：SO_2的溶解性，SO_2水溶液的酸碱度测定，SO_2的漂白性实验演示	实验1：观察硫粉的颜色、状态、加热熔化现象。实验2：硫粉与铁粉的反应。实验3：硫在氧气中燃烧。活动·探究：S、SO_2、SO_3的转化	实验1：SO_2的溶解性，SO_2水溶液的pH测定。实验2：SO_2水溶液的漂白性演示。实验3：SO_2水溶液的还原性验证。实验1：浓硫酸的吸水性实验演示。实验2：浓硫酸的脱水性实验演示

人教版从城市空气质量报告引出二氧化硫，以自然界中硫元素的不同存在形式、物质类别为学习主线，重点学习二氧化硫的物理性质和化学性质。鲁科版从火山喷发的景象引出硫及其化合物的学习，重点学习不同价态硫元素间的转化，关注酸雨的形成及其防治。苏教版从讨论酸雨与二氧化硫的联系引入二氧化硫性质的学习，重点学习二氧化硫的性质和作用、硫酸的工业制备和性质、不同价态硫元素间的相互转化。对比分析三个版本的教材，人教版的教材内容主线简单单一，即新物质二氧化硫的性质学习，从物质类别分析、价态分析两个角度展开对二氧化硫性质的研究，进一步强化陌生物质的研究方向，但学习中缺乏知识的迁移提升，可以整合鲁科版和苏教版的内容，增加不同价态硫元素间的相互转化，强化氧化还原知识。同时关注酸雨的形成与防治，提高学生的社会责任意识。

4. 教材地位分析

本节课是人教版化学必修1第四章第1节第一课时的内容。它是前一章金属及其化合物学习的延伸，完善无机物及其应用知识体系，为学习元素周期律打下基础，所以本节课起到承上启下的作用。本节课属于典型的元素化合物知识，由于硫元素有多种变价，在性质上比较复杂，但这节内容是高中化学的主干知识，所以学好这节内容，学生可以进一步加深对酸性氧化物、氧化还原反应等基础知识的理解，获得研究氧化物的一般方法和规律，为硫酸相关知识的学习做好铺垫，对后续学习氮的化合物具有指导意义，也为系统掌握元素化合物知识打下基础。

二、考情呈现（全国卷）

年份/卷型	题型	考点
2017 I 卷	主观题	以 H_2S 为研究主线，考查化学反应原理的综合应用
2018 I 卷	主观题	以焦亚硫酸钠（$Na_2S_2O_5$）的生产为背景综合考查考生综合运用硫的重要化合物性质的能力
2018 II 卷	客观题	结合雾霾的形成考查二氧化硫和氮氧化物间的转化
2019 I 卷	主观题	考查硫化物的尾气吸收装置

续 表

年份/卷型	题型	考点
2019 II 卷	客观题	考查硫代硫酸钠与稀盐酸的反应现象描述，考查硫化镉的沉淀溶解平衡曲线
	主观题	考查硫代硫酸钠与碘单质的滴定实验
2019 III 卷	客观题	考查二氧化硫气体的制备

从近三年的全国卷的考点来看，对二氧化硫的性质单独考查很少（只有2019年全国卷III考查了二氧化硫气体的制备），主要是结合其他硫的重要化合物进行综合性考查，题型不固定，渗透到客观题和主观题中，主要考查学生的综合能力，灵活应用知识点，结合社会热点、环保问题出题，有很大创新性。

三、学生知识

1. 学生的认知基础

高一学生已经获得的知识有物质的分类、氧化还原反应、离子反应等基本的理论知识，也具备了基本的类比迁移、实验操作、观察分析推理能力。这些都为本节课的实验探究打好了基础。

2. 学生的学习障碍点

不熟练从价态观分析推测二氧化硫的性质；实验探究过程中，不知如何设计探究的问题、提出假设；不明白科学探究的基本设计思路，欠缺独立设计实验的能力。

3. 学生的知识增长点

学会从物质类别、价态等多角度认识研究物质的性质，独立设计实验探究陌生物质的性质，掌握实验探究的一般步骤和方法。

四、教学与评价目标

1. 教学目标

（1）通过元素化合价–物质类别二维图、双线桥学习工具分析二氧化硫的性质，深化对于氧化还原本质和规律的了解与运用，初步形成证据推理的能力[1]。

（2）通过微型实验探究二氧化硫的酸性氧化物性质和还原性，学会科学探究的一般过程和方法，形成科学探究的能力[2]。

（3）通过讨论二氧化硫的用途与危害，增强对"事物的两面性"辩证唯物主义哲学观点的认识；感受生活中的化学，体会化学与社会的密切联系，初步形成科学的意识与社会责任感[3、4]。

2. 评价目标

（1）通过元素化合价-物质类别二维图、双线桥学习工具推理二氧化硫的性质，诊断学生是否能掌握从类别和价态两个角度分析陌生物质的性质的方法，发展学生对氧化还原反应本质和规律的认识进阶。

（2）通过二氧化硫酸性氧化物和还原性的实验探究，诊断学生是否具备独立设计实验研究的能力，发展学生实验探究的水平。

（3）通过对葡萄酒中二氧化硫的作用分析，诊断学生是否能灵活应用二氧化硫的性质，发展学生利用化学知识解决实际问题的能力水平。

五、设计理念[5-9]

本着"先学后教、学案导学、实验探究"的思想，课前让学生温故氧化还原的知识点，整理硫元素的价-类二维图，同时自主学习二氧化硫的物理性质，既能反馈学生的氧化还原反应相关知识的储备情况，又培养了学生的自主学习能力和知识建构能力。课堂通过启发学生"提出问题→做出猜想→活动探究，仔细观察现象，记录实验现象→引导分析现象→得出结论"，重点学习了二氧化硫的酸性氧化物的性质和还原性，发展了学生实验探究的水平；创设生活情境，吸引学生的注意力，同时发展学生利用化学知识解决实际问题的能力水平。

六、教学重难点

教学重点：二氧化硫的水溶性、酸性氧化物的性质、还原性、漂白性。

教学难点：探究实验方案的设计。

七、教学流程

教学流程如图1所示。

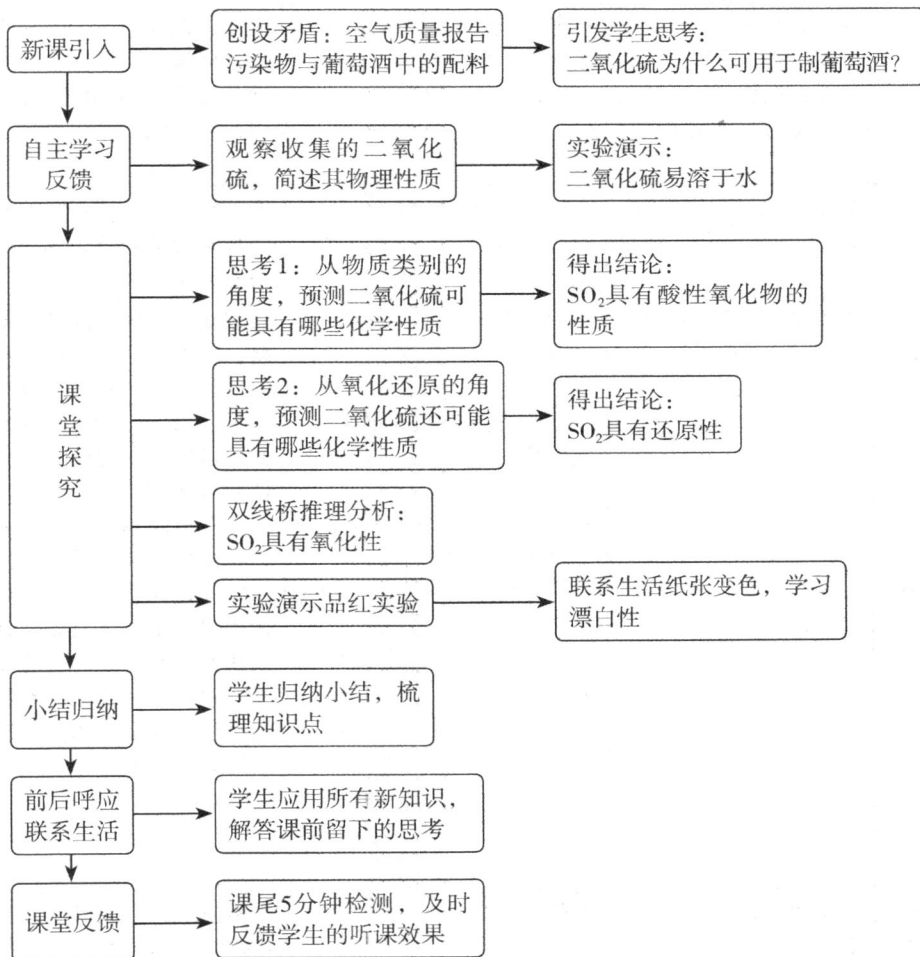

图1　教学流程

八、教学过程

教学环节	教师活动	学生活动	教学策略
环节一	阅读教材89页,看空气质量报告,了解空气的主要污染物,再看葡萄酒的配料,发现什么问题?	探究空气污染物二氧化硫在葡萄酒生产中的应用	应用新课标提供的情境素材,创设情境,探究葡萄酒中添加二氧化硫的作用,引入新课
环节二	展示一支刚收集的SO_2试管,把试管倒立在水中,打开胶塞	(1)观察实验现象。 (2)归纳二氧化硫的物理性质	实验演示,形象直观的实验现象帮助理解二氧化硫易溶于水
环节三	课堂实验探究二氧化硫具有的化学性质[10~13]	(1)从物质类别的角度,小组讨论,二氧化硫可能具有的化学性质,做出猜想。 (2)从氧化还原的角度,自主思考,预测SO_2还具有哪些化学性质,做出猜想。 (3)小组讨论,设计实验方案验证上述猜想。 (4)讨论,分享设计实验的思路与方案。 (5)小组进行实验探究,观察实验现象,记录实验现象,填写实验报告。汇报实验结果,得出实验结论。 (6)双线桥法标注得失电子,得出SO_2是氧化剂,具有氧化性	参照新课标提供的教学策略,开展有一定难度的实验探究活动——学生设计实验方案,进行实验探究,得出二氧化硫具有酸性氧化物和还原性的性质,既可以调动学生学习的积极性,又可提高学生的实验探究能力。通过双线桥法得出二氧化硫具有氧化性。通过多样化的教学方式和学习途径,不断调动学生的学习热情,使学生集中注意力
环节四	实验演示,向SO_2试管中注入品红溶液	观察实验现象	实验演示,直观感受二氧化硫的暂时漂白性
环节五	课堂小结	(1)归纳总结二氧化硫的化学性质。 (2)学以致用,解析SO_2在葡萄酒生产中的作用	学生自主归纳课堂的主要内容,形成知识网络。 紧密联系生产和生活实际,创设丰富多彩的真实问题情境,激发学生学习化学的积极性,培养学生观察的意识和辩证的思想

续 表

教学环节	教师活动	学生活动	教学策略
环节六	课尾5分钟	完成课堂检测题	利用课尾5分钟进行检测，立即反馈学生听课效果，反馈学生的掌握情况

九、教学反思

1. 紧扣化学学科核心素养，培养科学探究能力

本节课以实验探究模式开展教学，突出重点，突破难点。以学生课前整理的硫的化合价–物质类别二维图为基础，提出问题，自主思考并与小组讨论，产生思维碰撞。学生代表汇报小组讨论结果，调动学生的积极性。充分发挥化合价—物质类别二维图的作用，形成研究物质化学性质的一般方法。根据猜想，结合实际，设计实验方案，进行实验验证，根据宏观的实验现象，分析得出实验结论。学生亲自进行实验，参与度高，学习动力强，形象直观的实验现象能够帮助学生分析理解重点，大大提高了课堂效率。整个流程渗透指导学生学会科学探究的一般过程，形成科学探究的能力。

2. 以学生为主体，学生参与度高

本节课教学形式多样（自主思考、小组讨论、小组实验、小组汇报等），精心设计教学环节，紧扣学生的知识基础，突出了学生的主体地位，层层递进，精心设计问题，引导学生开展实验，给学生充足的时间思考、讨论、设计、实验，使其一步一步地完成任务，顺利开展实验探究，提高了学生的课堂参与度。实验过程中，学生逐渐意识到自己其实已经掌握了很多知识，只是之前没有机会去提取它们，增强了学生学好化学的信心，激发了学生的学习兴趣。

3. 环保微量实验，培养社会责任意识

二氧化硫有毒，为了环保，进行微量实验验证：培养皿创造密闭环境，注射器注入溶液，最后氢氧化钠尾气处理，减少二氧化硫的逸出。增强环保意识，培养绿色应用的化学学科核心素养。但不是一味地强调二氧化硫的有毒性，讨论了葡萄酒中二氧化硫的使用，增强对"事物的两面性"辩证唯物主义哲学观点的认识；感受生活中的化学，体会化学与社会的密切联系，初步形成科学的意识与社会责任感。

4. 智慧课堂，反馈及时高效

平板电脑进课堂，扩大实验演示的观察范围，学生实验探究，上传实验前后对比照片，时刻可以重现实验过程，调动课堂氛围，形象直观地反馈实验的可信度，间接反馈学生的思维过程。课尾课堂检测，及时反馈学生的答题情况，了解学生的掌握程度，反馈知识难点、课堂学习效率，有助于教师更好地备课。

在新课标的指导下，培养学生的化学学科核心素养，精心设计教学环节，转变课堂教学模式，以学生为主体，提高学生的参与度，如物质性质的教学可设置实验探究，通过学生的实验探究、实验汇报，分析得出实验结论，突破教学难点，调动学生的知识储备，学生的积极性也高，同时培养了学生的语言表达能力，发现学生的知识漏洞，培养学生宏观辨析和科学探究的化学学科核心素养。

附：文献综述

2017年高中化学课程标准在必修课程的主题2"常见的无机物及其应用"中提出了"通过实验探究，了解硫及其重要化合物的主要性质"的内容要求，提出了"重视开展高水平的实验探究活动"的教学策略，说明了实验探究的化学学科核心素养在元素化合物学习中的重要性，有利于培养学生的科学探究能力，帮助学生理解化学科学、技术、社会和环境的关系。

唐云波研究了从"知识点课时教学"走向基于探究发展进阶的单元整体设计，徐东方、朱浩研究了采用"自主、合作、探究"的高效课堂模式学习元素化合物，裴泓莉研究了绿色化学理念在教学实践中的渗透，王永臻、魏海、李德前研究了二氧化硫实验的改进设计，何翔研究了"1-1-2问题模板策略"在二氧化硫的授课中的应用，朱清勇、高志鹏研究了基于证据推理的实验探究化、绿色化创新设计，陈艳霞、文丰玉研究了基于STSE的真实问题情境的二氧化硫教学设计，蔡行雯研究了基于葡萄酒中二氧化硫的作用开展二氧化硫的学习，韦存容研究了基于数字化实验与传统实验探究相结合的课堂，发展学生化学学科核心素养。

实验探究的教学模式在硫及其化合物的学习中有较多应用，但没有指出明确的科学探究方法，缺少整合情境创设、问题串导引、智慧课堂等多样化教学方式于一体的教学设计。

参考文献：

［1］唐云波.从"知识本位"走向"素养为重"的元素化合物教学设计——以"硫及其化合物"教学为例［J］.化学教学，2017（10）：35-40.

［2］韦存容.在课堂教学中发展学生核心素养——以苏教版"二氧化硫的性质和作用"为例［J］.化学教与学，2018（1）：20-24.

［3］裴泓莉.在教学实践中渗透绿色化学理念——以"硫、氮及其化合物"教学为例［J］.化学教与学，2011（1）：23-25.

［4］高飞.关注联系　注重实践　重视素养——二氧化硫"一体化"复习模式构建［J］.化学教与学，2018（2）：54-57.

［5］徐东方，朱浩.应用高效课堂模式学习元素化合物——以"硫及其化合物"教学为例［J］.中学化学教学参考，2015（14）：40-41.

［6］何翔.促进学生个性化深度学习的教学策略设计——以"二氧化硫的性质和作用"为例［J］.化学教育（中英文），2019，40（3）：64-69.

［7］杨明生.硫元素及其化合物性质的教学［J］.中学化学教学参考，2009（6）：22-24.

［8］陈艳霞，文丰玉.基于STSE教育理念的"二氧化硫"教学设计［J］.中学化学教学参考，2018（16）：23-24.

［9］邓君，赵雷洪.SOLO分类理论在评估教学思维水平中的应用——以"二氧化硫的性质和应用"为例［J］.化学教学，2018（2）：3-6，13.

［10］朱清勇，高志鹏.基于证据推理的初中化学实验教学研究——以"利用注射器改进二氧化硫的实验"为例［J］.中学化学教学参考，2018（23）：34-36.

［11］王永臻，魏海，李德前.检验二氧化硫实验的组合设计［J］.化学教学，2019（2）：70-72.

［12］王珊珊，徐开建.也谈"二氧化硫使品红溶液褪色的原因"［J］.中学化学教学参考，2018（Z1）：135-137.

［13］蔡行雯.让化学课堂充满正能量——以"二氧化硫的教学设计"为例［J］.中学化学教学参考，2018（Z1）：24-26.

专家点评

　　教学体现化学学科核心素养的培养，思路清晰，知识逻辑线和学生的知识认知发展线相当明了，师生互动好，学生参与合作探究的热情高，交流时间充分。情境选择有新意：以"空气质量报告与红葡萄酒配料表"中SO_2的不同作用，引发学生的认知冲突，为辩证地学习和应用SO_2的性质埋下伏笔。教学设计体现化学学科核心素养的培养；多媒体教学（智慧课堂模式）使得学生的反馈形式更为多样，提高课堂评价效率；通过学生观察微型实验，描述实验现象，并书写方程式的形式，培养学生宏观辨识和微观探析的学科思想。

案例5　氮及其化合物

广州市第五中学　杨　雨

一、课程知识

1. 课标要求

　　（1）内容要求：结合真实情境中的应用实例或通过实验探究，了解氮及其重要化合物的主要性质，认识这些物质在生产中的应用和对生态环境的影响。结合实例认识氮及其化合物的多样性，了解通过化学反应可以探索物质性质、实现物质转化，认识物质及其转化在促进社会文明进步、自然资源综合利用和环境保护中的重要价值。[1]

　　（2）学业要求：能依据物质类别和元素价态列举氮元素的典型代表物，并依据复分解反应和氧化还原反应原理，预测物质的化学性质和变化，设计实验，进行初步验证，并能分析、解释有关实验现象。[1]

2. 考纲分析（2019年）

　　（1）了解常见氮元素重要化合物的制备方法。

　　（2）掌握氮元素单质及其化合物的主要性质及其应用。

　　（3）了解常见氮元素单质及其化合物对环境的影响。

（4）设计实验验证、分析、解释相关氮元素单质及化合物性质和变化。

3. 考情呈现（近三年高考全国卷）

年份/卷型	题型	考点
2019 I 卷	客观题	生物燃料电池合成氨
2019 II 卷	客观题	元素推断、氨的稳定性
2018 I 卷	主观题	N_2O_5平衡体系计算
2018 II 卷	客观题	氮氧化合物、氨、空气污染
2018 II 卷	客观题	元素推断、二氧化氮、硝酸、亚硝酸酸性
2017 I 卷	客观题	元素推断、氨制冷、氨与水稳定性比较
2017 I 卷	主观题	凯氏定氮法、氨气、铵盐
2017 II 卷	客观题	铵盐水解、N_2、O_2混合气体N_A计算
2017 II 卷	客观题	NH_4HCO_3分解
2017 II 卷	主观题	N及化合物的结构
2017 III 卷	客观题	元素推断、氨的稳定性和硝酸、亚硝酸酸性

从近三年的考情来看，氮及其化合物的考查形式多变，涉及范围较广，既有识记性内容，如氨与水的稳定性、熔沸点、硝酸、亚硝酸酸性问题等，又有与生产、生活相关的内容，如空气污染、化肥使用、凯氏定氮法等，甚至还有新科技新技术应用，如生物燃料电池合成氨等。由此可以看出，在历年考题中氮及化合物都占据重要的地位，考查形式的多变告诉我们要在教学上抓住本质、核心，注重细节，注重学生能力的培养。

4. 教材内容分析

比较项目	人教版	鲁科版	苏教版
教材呈现形式	必修1第四章第三节硫和氮的氧化物 第四节氨硝酸硫酸	必修1第3章第2节氮的循环	必修1专题4硫、氮和可持续发展第二单元生产生活中的含氮化合物
呈现顺序	NO、NO_2→NH_3→HNO_3	N_2→NO、NO_2→NH_3→HNO_3	氮氧化物的产生及转化→氮肥的生产和使用→硝酸的性质
差异性	将硫、氮化合物按照物质类别共性呈现	元素在不同物质中的价态、物质类别、相关转换形式呈现	按照生活生产中的氮元素的存在形式和作用形式呈现

比较项目	人教版	鲁科版	苏教版
教材中的实验	科学探究：设计二氧化氮被水吸收的实验。 实验4-8：喷泉实验	实验1：喷泉实验。 实验2：浓氨水和浓盐酸的反应。 实验1：氯化铵固体分解。 实验2：碳酸氢铵固体分解及产物检验。 实验3：NH_4^+检验。 实验1：硝酸的气味。 实验2：铜与硝酸的反应。 实验3：铁与硝酸的反应	实验1：喷泉实验。 实验2：氨水碱性检验。 实验3：浓氨水和浓盐酸的反应。 实验1：氯化铵分解。 实验2：氯化铵和氢氧化钙反应。 实验1：铜与浓硝酸反应。 实验2：铜与稀硝酸反应
对环境的影响	（1）氮的氧化物对空气的污染。 （2）自然界中氮的循环	（1）氮元素在自然界中的循环形式。 （2）人类活动对氮循环和环境的影响	（1）氮氧化合物对空气的污染。 （2）氮肥的生产和使用。 （3）硝酸的生产

《氮及其化合物》一节内容在必修教学模块，起承载巩固离子反应、氧化还原反应、物质的量等基本概念的载体作用，是学生掌握学习氮元素化合物知识的一般方法，为元素族概念的形成、各族元素性质递变规律、元素周期律的形成积累感性材料，是学习元素周期律、元素周期表知识的重要基础。[2]（苏教版必修1教学参考书第100页）

通过对三种教材的分析，可以看出：

（1）人教版的教材编写按照学生获取知识的特点进行螺旋式上升，从物质分类的角度编排氮的氧化物和硫的氧化物、硝酸和硫酸，可以降低学生的学习难度，但是相对来讲实验和学生活动较少，也使同一元素单质和化合物的内容较为分散。

（2）鲁科版氮的单质和化合物介绍得比较系统，对于学生按照不同的价态掌握氮在自然界循环中出现的物质比较系统和连贯，更能突出按照元素价态分析物质的性质这一研究物质性质的角度。

（3）苏教版的教材对本节内容的编写更注重实用性，多角度介绍了氮的单质和化合物在生产生活中的角色及定位，既有对人类生产生活的贡献，又有对环境造成的影响，所以要辩证地看待化学对人类的影响，更能激起学生的社会责任感。

所以，在实际教学过程中，采用将鲁科版和苏教版结合的方式进行本节内容的教学。

二、学生知识

1. 学生的认知基础

学生已经学过物质的分类，能够从分类的角度认识单质、氧化物、酸、碱、盐的性质。

学生已经学过离子反应，能用离子反应表达化学反应的本质。

学生已经学过氧化还原反应，能够从价态的角度认识单质、氧化物、酸、气态氢化物之间的相互转化。

初中已经学过非金属元素碳的性质。

2. 学生的学习障碍点

（1）疑点：NO和NO_2不是酸性氧化物，氨气是碱性气体，$NH_3 \cdot H_2O$是碱。

（2）难点：将价态观和分类观应用到具体物质上，预测物质的性质。

3. 学生的知识增长点

学会从物质分类和价态两个角度进行陌生物质的性质预测和检验。

三、教学与评价目标

1. 教学目标

（1）通过对雷雨天气产生硝酸和工业生产硝酸过程的分析，建立起利用价态来分析物质性质的认知模型。

（2）通过实验探究氨气和铵盐的性质，建立起利用物质类别来分析性质的认知模型。

（3）通过实验探究硝酸的性质，建立起从化合价和物质类别两个角度来分析物质性质的认知模型。

（4）通过氮氧化合物对空气的污染和化肥对农业生产的重要作用，建立起性质与用途的关联，知道含氮化合物的应用对生产和自然环境的影响，形成正确的价值观。

2. 评价目标

（1）通过对教材的阅读和对资料的分析，诊断学生认识物质的水平。

（2）通过对氨气、铵盐、硝酸性质探究的实验设计和改进，诊断并发展学生的实验探究设计水平。

（3）通过对含氮物质转化关系的讨论和点评，诊断并发展学生对物质性质研究思路的认识水平。

（4）通过对空气污染、氮肥和硝酸的工业生产的讨论，诊断并发展学生对化学价值的认识水平。

四、教学重难点

教学重点：NO、NO_2、NH_3、HNO_3的性质。

教学难点：

（1）氮的氧化物的性质。

（2）浓稀硝酸的氧化性。

五、教学流程

教学流程如图1所示。

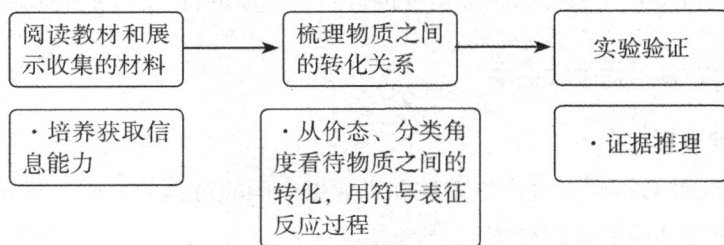

图1 教学流程

六、教学过程

教学环节	教师活动	学生活动	学科核心素养培养
环节一	请第一个小组展示：自然界中氮的循环	（1）讲解自然界中氮的循环形式：有机氮→氨和铵盐→氮气→NO、NO_2→硝酸、硝酸盐。 （2）带领大家写出N_2→ NO →NO_2→HNO_3一系列转化的方程式	能用化学符号描述常见简单物质及其变化，能从物质的宏观特征（化合价）入手对物质及其反应进行分类（氧化还原反应）和表征

教学环节	教师活动	学生活动	学科核心素养培养
环节二	请第二个小组展示：为何要进行人工固氮？有哪些手段？	（1）讲解农作物对氮肥的需求。 （2）工业合成氨： $N_2+3H_2 \xrightarrow[\text{催化剂}]{\text{高温高压}} 2NH_3$ $NH_3+HCl=NH_4Cl$ $NH_3+HNO_3=NH_4NO_3$ $2NH_3+H_2SO_4=（NH_4）_2SO_4$ $NH_3+H_2O+CO_2=NH_4HCO_3$ （3）工业合成硝酸： $NH_3→NO→NO_2→HNO_3$ （4）尿素的合成： $NH_3+CO_2→NH_2COONH_4→CO$ $（NH_2）_2+H_2O$	能收集整理资料，提取有效信息，并能用化学符号进行反应过程的表征。 通过对资料的整理和讲解，认识到化学对人类生产生活的贡献，形成不浪费粮食的意识
环节三	请大家讨论氨气形成铵盐的过程中体现了氨气的什么性质，如何检验，如果氨气形成硝酸盐，体现了氨气的什么性质	设计实验，证明氨气的碱性： 实验1：使指示剂变色。 实验2：与酸反应生成盐。 实验3：氨水与盐反应。 实验4：铵盐可以与碱反应生成氨。 总结：氨气的碱性和还原性	根据老师提出的问题设计简单的实验方案，完成实验操作并观察和记录实验现象。 能够运用多种方式收集实验证据，并对实验现象进行分析
环节四	回想研究氨气的性质的过程中所用到的方法，如何预测硝酸的化学性质？	1.分析讨论 （1）分类：预测酸性。 （2）价态：预测氧化性。 2.实验验证 硝酸的酸性（发现问题：石蕊先变红后褪色） 硝酸的氧化性	能对物质性质的验证提出实验设计方案，能在实验过程中客观记录实验现象，能在实验结束后讨论实验结果并基于事实得出结论
环节五	（1）有人说氮的氧化物会造成环境污染，有人认为不会造成环境污染，你认为如何？ （2）化肥对农作物产量的提升有重要的作用，是不是化肥使用越多越好？	收集证据支持自己的论点	主动关心与环境保护等相关的社会热点问题，能运用所学知识分析和探讨某些化学过程对人类健康、社会可持续发展可能带来的双重影响，并对这些影响从多个方面进行评估

七、教后反思

学科活动意味着对学科知识的加工、消化、吸收，以及在此基础上的内化、转化、升华。这其中三维目标中的"过程和方法"起着重要的作用。但是，"过程和方法"毕竟不是素养本身，而是素养形成的桥梁。新课标用"学科活动"来统整三维目标中的"过程和方法"以及学习方式中的"自主、合作、探究学习"，目的是强化学科教学的学科性，聚焦学科核心素养的形成。教师在设计和开展教学时必须以学科核心素养为导向，充分体现学科的性质和特点，使学科教学过程成为学科核心素养的形成过程。[3]

《氮及其化合物》一节内容繁多，教材地位重要，以往的教学通常会不放心学生自主学习，而以教师的教授为主。本次授课，突破自己的第一次，放心大胆地交给学生任务，让学生课前准备资料，结果反而超出预期。有以下几个亮点。

1. 重视学生对资料的收集和整理，重视学生的课前活动准备

在讲课前分配8个小组分成两批来收集资料，结果发现学生自己整理的资料比课本知识还齐全，而且每个小组都能用化学方程式表示反应过程。这充分调动了学生的学习积极性，也证明了学生的学习热情。

2. 重视学生的实验设计和实验现象的观察及证据推理的过程

学生在氨水碱性验证的实验中设计了向硫酸铜溶液中滴加氨水的步骤，并观察到浅蓝色沉淀。当时笔者很担心他们氨水滴加过量不好解释，还好他们看到沉淀就不再滴加氨水了。氨水和盐反应生成碱也可以证明$NH_3 \cdot H_2O$的碱性这个想法非常好。

在做稀硝酸溶液中滴加石蕊溶液的实验时，有学生提出用浓硝酸试一下，结果发现石蕊溶液先变红色后褪色，注意到这个异常现象的学生也非常兴奋，引发了大家的讨论。

在设计氯化铵和氢氧化钙的反应实验时，对于如何选择试剂、装置来制备氨气并检验的过程，大家在讨论中强化了氨气极易溶于水的特点，所以时刻注意干燥环境，制备和收集的氨气的试管反复用纸巾来吸水。

3. 培养学生关注生活、关注环境、关注社会热点问题的意识

重视学生的表达和培养学生对化学知识在生产、生活中所起的作用辩证地对待的意识。对于化肥在农业生产中的重要作用和过度使用化肥造成的环境水质问题进行关注，对于汽车尾气的处理和重要化工原料硝酸的生产问题有所了解，使学生对于用化学方法解决环境问题所起的重要作用有所认识，也培养了学生的责任意识。

当然，本节课由于学生的水平各有不同，也表现出一些不足：

（1）有些学生的资料过于简单，只是照搬书本，自学能力还有待培养。

（2）由于制备氨气和喷泉实验同时做，试管中固体试剂加入量不够而导致喷泉实验失败。

（3）学生总结的时候忽略了硝酸的分解和硝酸与碳的反应。

（4）学生活动多，展示多，但是最后时间不够，学生的方程式不能书写完整和配平。

通过这样一节课，笔者看到了学生的学习能力、学习的积极性和主动性，感觉到教师真的要放手把时间交回给学生，以学生为主体。

参考文献：

［1］房喻，徐端钧.普通高中化学课程标准（2017年版）解读［M］.北京：高等教育出版社，2018：11-14.

［2］王祖浩.高中化学教学参考书：化学1（必修）［M］.南京：江苏凤凰教育出版社，2018：100.

［3］余文森.从三维目标走向核心素养［J］.华东师范大学学报（教育科学版），2016（1）.

专家点评 ◄

本节课充分体现了以学生为教学主体的教学理念。学生在课前的资料收集和整理，课堂上的分享与交流、实验的设计、实施实验验证、根据实验现象分析推理元素化合物的性质等一系列的活动中培养了获取加工信息的能力、实验探究及证据推理的素养和运用化学知识解决环境问题的意识与社会责任感。

第三节 "物质结构基础与化学反应规律" 主题教学设计

案例1 元素周期律

广州市南武中学 高希文

一、课程知识

1. 课标要求

（1）内容要求：《元素周期律》在必修课程直接的内容主题是物质结构基础与化学反应规律，相关的内容主题是化学科学与实验探究。

了解原子核外电子排布；结合有关数据与实验事实认识原子结构、元素性质呈周期性变化的规律，构建元素周期律；知道元素周期表的结构，以第三周期的钠、镁、铝、硅、硫、氯，以及碱金属和卤族元素为例，了解同周期和同主族元素性质递变规律；体会元素周期律（表）在学习元素化合物知识与科学研究中的重要作用。

（2）学业要求：能画出1～20号元素的原子结构示意图，能用原子结构解释元素性质及其递变规律，并能结合实验及事实进行说明；能利用元素在周期表中的位置和原子结构，分析、预测、比较元素及其化合物的性质[1]。

2. 教材内容分析

（1）本节内容的地位和功能。元素周期律是化学中的重要理论知识，也是中学化学中的重要内容。通过这部分知识的学习，可以帮助学生在化学1的基础上进一步认识元素与物质结构的关系，并对所学习过的元素化合物知识进行综合、归纳、整合，由感性认识上升到理性认识；同时，使学生学会以"位—构—性"的系统认知模型来指导后续的学习，分析和解决有关无机物的问题[2]。

（2）现行三种教材内容的对比。

项目	人教版	鲁科版	苏教版
教材呈现形式	化学2第一章第2节元素周期律	化学2第1章原子结构与元素周期律	化学2专题1第一单元原子核外电子排布与元素周期律
呈现顺序	原子核外电子排布→元素周期律→元素周期表和元素周期律应用	第1节原子结构。第2节元素周期表和元素周期律。第3节元素周期表的应用	原子核外电子排布→元素周期律→元素周期表及其应用
差异性	把同主族的碱金属元素与卤族元素内容安排在第1节元素周期表中	把第三周期元素、同主族的碱金属元素与卤族元素内容安排在元素周期表的应用中	把同主族的卤族元素内容安排在元素周期表及其应用中，没有碱金属元素的内容
教材中的实验	科学探究：（1）镁带与水（滴加酚酞）加热至沸腾。（2）镁带和铝片分别与盐酸反应	实验探究：利用所给试剂和仪器设计并完成实验，验证对钠、镁、铝三种元素原子失电子能力相对强弱的预测	探究活动：实验1：金属钠与水反应（滴加酚酞）。实验2：镁条与水反应（滴加酚酞），加热。实验3：镁带和铝片分别与盐酸反应

通过对比可以看出，人教版和苏教版侧重于元素周期律推导的过程方法学习，鲁科版侧重于元素周期表（律）应用的学习。三种教材的编写各有精彩，对不同教材的内容可以根据学生实际情况择优选择。

二、学生知识

1.学生的认知基础

（1）了解原子的构成，能看懂1～20号元素的原子结构示意图，知道原子核外电子是分层排布的，能根据原子序数在周期表中找到指定元素。

（2）了解钠、镁、铝、铁、碳、氮、硅、硫和氯等元素及其常见化合物的知识，知道基于类别和价态认识物质的性质。

（3）了解同主族元素性质的相似性和递变规律，了解证明元素金属性和非金属性强弱的方法，对原子结构与元素性质之间的关系有一定的认识。

2.学生的学习障碍点

（1）疑点："位—构—性"三者之间的关联，周期表（律）的作用和价值。

（2）难点：如何结合原子结构、周期表（律）、物质类别、化合价等多视角、多维度地预测或解释陌生元素或物质的性质。

3. 学生的知识增长点

（1）了解原子核外电子的排布。

（2）能结合有关数据（原子核外电子排布、原子半径、元素的主要化合价等）认识元素周期律。

（3）了解原子结构（核电荷数、电子层数、最外层电子数）与元素性质（原子半径、得失电子能力、化合价）的关系。

（4）能够运用原子结构与元素性质的关系推测或解释元素性质的相似性与递变规律。

（5）能够运用"位—构—性"的系统认知模型分析和解决有关无机物的问题。

三、学业质量水平和学科核心素养

1. 学业质量水平[1]

水平	质量描述
水平1	（1）能运用原子结构模型说明典型金属元素和非金属元素的性质，能对常见物质及其变化进行描述和符号表征，能结合实例书写离子反应方程式和氧化还原方程式。 （2）能依据化学问题解决的需要，选择常见的实验仪器、装置和试剂，完成简单的物质性质等实验；能与同伴合作完成实验探究，如实验观察、记录实验现象；能根据实验现象形成初步结论
水平2	（1）能从原子结构的视角说明元素的性质递变规律。 （2）能运用化学符号表征物质的转化。 （3）能通过实验探究物质的性质和变化规律，能提出有意义的实验探究问题，根据已有经验和资料做出预测及假设，能设计简单的实验方案，能运用适当的方法控制反应条件并顺利完成实验；能收集和表述实验证据，基于实验事实得出结论

注：学业质量水平划分为4级，水平2（水平2包含且高于水平1的要求）描述了高中毕业生通过化学必修课程的学习后，应该达到的合格要求；水平4（水平4包含并高于水平3）是化学学业水平等级考试的命题依据。通过本节内容的学习，学生应该达到水平2的要求。

在每一级水平的描述中都包含学科核心素养的五个方面，序号1侧重对应

"素养1宏观辨识与微观探析"和"素养3证据推理与模型认知"，序号2侧重对应"素养2变化观念与平衡思想"，序号3侧重对应"素养4科学探究与创新意识"，序号4侧重对应"素养5科学态度与社会责任"。本节内容主要涉及的是（1）、（2）和（3）。

2. 学科核心素养

（1）基于元素周期表（律）的教学引导学生对物质的化学性质的实验和事实证据进行推理和论证，并建构"位—构—性"的系统认识模型，发展学生证据推理与模型认知的核心素养[3]。

（2）基于"宏观（实验现象）—微观（原子结构）—符号（方程式）"相结合的分析过程，发展学生宏观辨识与微观探析和变化观念的化学学科核心素养。

（3）基于"预测—实验设计—分组实验—现象解释—得出结论"这一完整实验探究过程发展学生科学探究与创新意识的化学学科核心素养。

四、教学与评价目标（第2课时：同周期元素性质的递变规律）

1. 教学目标

（1）通过同周期元素性质递变规律的预测和验证过程，初步建立"元素原子结构—元素性质"的系统认识模型。

（2）通过实验探究的过程，了解对比实验中控制变量的思想。

（3）通过基于物质的化学性质实验和事实证据进行推理与论证，培养学生证据推理的能力。

2. 评价目标

（1）通过学生对预测的根据和理由的讨论及点评，诊断并发展学生认识元素性质的水平（孤立水平、系统水平）。

（2）通过对钠、镁、铝金属性强弱验证的探究实验设计方案的交流和点评，诊断并发展学生实验探究设计的水平（孤立水平、系统水平）。

（3）通过学生对证据进行推理和论证的描述，诊断并发展学生证据推理的水平（孤立水平、系统水平）。

五、教学策略及教学活动建议

（1）教学中应注重运用实验事实、数据等证据素材，帮助学生理解同周期元素性质的递变规律。例如，用硅、磷、硫、氯元素对应的单质与氢气反应的条件，生成对应氢化物的稳定性及最高价氧化物对应水化物酸性强弱等实验事实实验证同周期非金属元素性质的递变规律。

（2）注重组织学生开展概括关联、比较说明、推论预测、设计论证等活动。例如，讨论第三周期元素原子的核外电子排布是如何递变的；根据元素原子核外电子排布规律预测第三周期元素原子失电子能力或得电子能力的相对强弱或讨论金属性、非金属性的递变；利用所给的试剂和仪器设计并完成钠、镁、铝金属性强弱判断的实验，由实验事实实验证预测[4]。

（3）发挥元素周期表（律）学习的核心功能与价值，并帮助学生形成基本观念，发展学生对元素及物质的认识，初步构建"位—构—性"的系统认识模型[5]。

六、教学重难点

教学重点：同周期元素金属性、非金属性的递变规律。

教学难点：元素周期表（律）学习的核心功能与价值。

七、教学过程

第2课时同周期元素性质的递变规律		
教学环节	师生活动	素养培养及评价目标
学习任务1：预测第三周期元素原子失电子能力或得电子能力的相对强弱	（1）学生讨论第三周期元素原子核外电子排布是如何递变的。 讨论角度：核电荷数、电子层数、最外层电子数。 （2）学生根据元素原子的核外电子排布规律讨论第三周期元素性质的递变性。 讨论角度：原子半径、化合价、金属性/非金属性。 （3）学生预测钠、镁、铝三种元素的金属性强弱/原子失电子能力相对强弱；硅、磷、硫、氯四种元素的非金属性强弱/原子得电子能力相对强弱。 （4）学生补充、完善、修改学案所填写内容；第三周期从左到右，元素原子的电子层数____，核电荷数逐渐____，原子半径逐渐____，原子核对最外层电子的吸引能力逐渐____，原子失电子能力逐渐____，元素的金属性逐渐____，原子得电子能力逐渐____，元素的非金属性逐渐____	从原子结构的角度预测元素性质，强化"结构决定性质"观念，初步建立"元素原子结构—元素性质"的系统认识模型。 通过学生对"预测"的根据和理由的讨论与点评，诊断并发展学生认识元素性质的水平（孤立水平、系统水平）

续 表

第2课时同周期元素性质的递变规律		
教学环节	师生活动	素养培养及评价目标
学习任务2：实验验证钠、镁、铝三种元素的金属性强弱、原子失电子能力相对强弱	（1）学生利用所给试剂和仪器设计实验方案。 试剂： 镁条和铝条，$MgCl_2$溶液，金属钠，盐酸（$1mol \cdot L^{-1}$），NaOH溶液，$AlCl_3$溶液，蒸馏水。 仪器： 烧杯、试管、表面皿、酒精灯、试管夹、砂纸。 方法指引：元素原子失电子能力的强弱可以采用下列方法间接地判断。 ①比较元素的单质与水（或酸）反应置换出氢的难易程度。置换反应越容易发生，元素原子的失电子能力越强。 ②比较元素最高价氧化物对应水化物的碱性强弱。一般说来，碱性越强，元素原子失电子能力越强。 （2）对实验设计方案进行交流与点评，学生补充、完善、修改学案所填写内容。 注：在点评方案中要强调细节，如砂纸的作用，取用金属钠的操作，镁条和铝条对比实验时控制变量的思想等。 （3）学生根据自己所写的方案完成实验，记录实验现象，书写反应的化学方程式（或离子反应方程式），并基于实验事实得出结论。 实验记录： | 实验内容	实验现象	化学方程式和结论
		| 注：教师解释Al（OH）$_3$能与NaOH溶液反应的原因。	通过研究物质性质来论证元素性质的递变规律，建立元素性质与物质性质的关系。 通过实验探究的过程，了解对比实验中控制变量的思想。 通过基于物质的化学性质的实验和事实证据进行推理和论证过程，培养学生证据推理的能力。 通过对钠、镁、铝金属性强弱验证的探究实验设计方案的交流和点评，诊断并发展学生实验探究设计的水平（孤立水平、系统水平）。 通过学生对证据进行推理和论证的描述，诊断并发展学生证据推理的水平（孤立水平、系统水平）

续　表

第2课时同周期元素性质的递变规律		
教学环节	师生活动	素养培养及评价目标
学习任务3：阅读材料，获取实验事实证据，验证硅、磷、硫、氯四种元素的非金属性强弱、原子得电子能力相对强弱	（1）学生阅读材料，从中获取实验事实证据，分小组讨论、交流哪些证据能验证硅、磷、硫、氯四种元素的非金属性强弱、原子得电子能力相对强弱。注：补充硅烷（SiH_4）、磷化氢（pH_3）、硫化氢（H_2S）、氯化氢（HCl）的稳定性。**方法指引**：元素原子得电子能力的强弱可以采用下列方法间接地判断。① 比较元素的单质与氢气化合物的难易程度以及气态氢化物的稳定性。一般来说，反应越容易进行，生成的气体氢化物越稳定，元素原子的得电子能力越强。② 比较元素最高价氧化物对应水化物的酸性。一般说来，酸性越强，元素原子得电子能力越强。（2）学生补充、完善、修改学案所填写内容。从Si到Cl，单质和氢气反应的条件越来越_____，气态氢化物的稳定性越来越_____	通过研究物质性质来论证元素性质的递变规律，建立元素性质与物质性质的关系通过基于物质的化学性质的实验和事实证据进行推理和论证，培养学生证据推理的能力。通过学生对证据进行推理和论证的描述，诊断并发展学生证据推理的水平（孤立水平、系统水平）
课堂小结	在同一周期中，各元素原子的核外电子层数相同，但从左到右核电荷数依次增多，原子半径逐渐减小（稀有气体元素除外），原子失电子能力逐渐减弱，元素的金属性逐渐减弱，原子得电子能力逐渐增强，元素的金属性逐渐增强。这种情况周而复始	

八、教学反思

教学设计的亮点有三个：

（1）各学习任务的设置都紧紧围绕培养学生证据推理与模型认知化学的学科核心素养进行。在"预测"环节，学生要构建原子结构模型，理解原子结构与元素性质之间的关系；在"验证"环节，学生要基于物质的化学性质的实验和事实证据去进行推理和论证。同时，通过"探究实验"环节，培养学生在"对比"实验中"控制变量"的意识和"宏—微"结合的化学学科核心素养。

（2）各学习任务中教师采用启发式、参与式、讨论式、探究式教学方式，引导学生自主、合作、探究学习。在小组内学生能发表自己的看法，在班级上能点评他人的观点。只有经过思想上的共鸣和争鸣，才能有思维的发展。

（3）各学习任务都有明确的评价目标，从而实现"教、学、评"的一体化。通过学生参与小组合作学习，与老师和同学对话交流等方面的表现，能看出学生的学习状态；通过学生在"预测""验证"等环节中的语言表达，能看出学生思维发展状态；通过学生实验探究的过程能看出学生的表现情况。

参考文献：

［1］中华人民共和国教育部.普通高中化学课程标准（2017年版）［M］.北京：人民教育出版社，2018.

［2］房喻，徐端钧.普通高中化学课程标准（2017年版）解读［M］.北京：高等教育出版社，2018.

［3］王磊.基于学生核心素养的化学学科能力研究［M］.北京：北京师范大学出版社，2017.

［4］胡久华.对化学2教科书中"物质结构元素周期律"的分析研究［J］.化学教学，2010（7）：35–39.

［5］黄鸣春，王磊，宋晓敏，等.基于认识模型建构的"元素周期律·表"教学研究［J］.化学教育，2013（11）：12–18.

专家点评

能引导学生通过对同周期元素性质递变规律的预测、用控制变量的思想设计比对实验、动手探究实验设想、分析实验结果、得出结论，使学生初步建立"位—构—性"的系统认识模型，培养了学生的证据推理能力。这节课还发展了学生认识元素性质的水平、建立元素性质与物质性质的联系的能力，培养了学生控制变量的思想，提高了学生实验探究设计的水平。

案例2　化学键

广州市第97中学　韦丽仪

一、课程知识

1. 课标要求[1]

（1）内容要求：认识构成物质的微粒之间存在相互作用，结合典型实例认识离子键和共价键的形成，建立化学键概念。

（2）学业要求：能从物质及其变化的事实中提取证据，能认识物质并形成化学键的理论模型。

2. 考纲要求（必考部分）

（1）了解化学键的定义。要求学生会判断元素间形成化学键的类型，能区分化学键、分子间作用力、氢键。

（2）了解离子键、共价键的形成。要求学生知道原子形成稳定结构的途径和方法，会判断稳定结构，会判断离子化合物和共价化合物。

3. 考题分析

从近三年全国卷对化学键的考查情况分析，判断陌生物质中的"共价键数目"、判断"离子键共价键"、判断"离子化合物共价化合物"是常考点，足见化学键在物质结构中的基础、核心地位。

近三年全国卷对化学键的考查情况分析：

年份	全国Ⅰ卷	全国Ⅱ卷	全国Ⅲ卷
2017	非选择题27（4）判断过氧键数目	必做题部分没有考查	选择题10选项D，判断共价键数目
2018	选择题12选项D，判断是否是离子化合物	选择题10选项B，判断是否含有离子键	选择题8选项D，判断化学键数目；选择题13选项C，判断是否含有非极性共价键
2019	选择题10选项C，判断氢键；选择题13选项D，判断电子稳定结构	选择题8选项D，判断共价键数目	选择题9选项C，判断是否是离子化合物

4. 教材内容分析

《化学键》是高中化学必修课程中概念原理类的内容，是高中一年级全体学生都要学习的重点知识，有助于丰富学生对物质世界多样性的认识，深化学生对物质组成与结构的理解，更有助于学生形成从物质结构层面把握化学变化本质的观念，并为化学变化中物质与能量转化关系的理解奠定基础。

在比较了现行三种版本教材中必修阶段"化学键"的知识顺序的基础上，本设计采取离子键、共价键的整合教学策略[2]，突破"建立离子键与共价键之间的关系"的知识难点。

现行三种版本教材中必修阶段"化学键"的知识顺序比较：

比较项目	人教版	苏教版	鲁科版
章标	物质结构元素周期律	微观结构与物质多样性	化学键化学反应与能量
节标	化学键	微粒之间的相互作用	化学键与化学反应
次序	离子键（化合物）→共价键（化合物）、非极性键、极性键→化学键→分子间作用力和氢键（科学视野）	化学键→离子键（化合物）→共价键（化合物）→分子间作用力和氢键（拓宽视野）	化学键→共价键→离子键→离子化合物和共价化合物

二、学生知识

关于"化学键"知识内容，纸笔测试成绩较高的学生在认知建构过程中倾向于使用"比较和对比""情境推理""解释"等高水平信息处理策略；中等生在"化学键"相关知识概念理解层次上，能陈述化学键知识领域中的两个或两个以上的知识点，但对知识点之间的关系不明确；在"化学键"三重表征概念理解维度上，中等生和学困生从微观至符号维度递进时较为困难，易停滞在微观水平，因此需要通过绘图、实物模型搭建、类比等方式加强宏、微观表征与符号表征的联系。[3]

三、教学与评价目标

1. 教学目标

（1）通过实例了解化学键存在的证据。

（2）通过原子结构认识分子、离子的形成过程，初步建立化学键的认识模型。

（3）通过电子式外显化学键，形成判断化学键类型的思维过程。

2. 评价目标

（1）通过对水蒸发、水的电解的微观认识的交流和点评，诊断并发展学生认识物质变化思路的结构化水平（从宏观到微观）。

（2）通过H、O、Na三种原子相互组合形成化合物，诊断并发展学生对离子键、化学键本质的认识进阶（物质水平、元素水平、微粒水平）。

（3）通过原子结构示意图、分子及离子的形成，逐步养成严谨求实的科学态度；能从物质及其变化的事实中提取证据，能认识物质并形成化学键的理论模型，诊断并发展学生对化学键价值的认识水平。

四、教学重难点

教学重点：2种基本微粒（原子、离子）通过什么作用形成物质。

教学难点：原子达到8个电子（H为2个电子）稳定结构的方式。

五、教学与评价思路

"化学键"教学与评价思路示意图如图1所示。

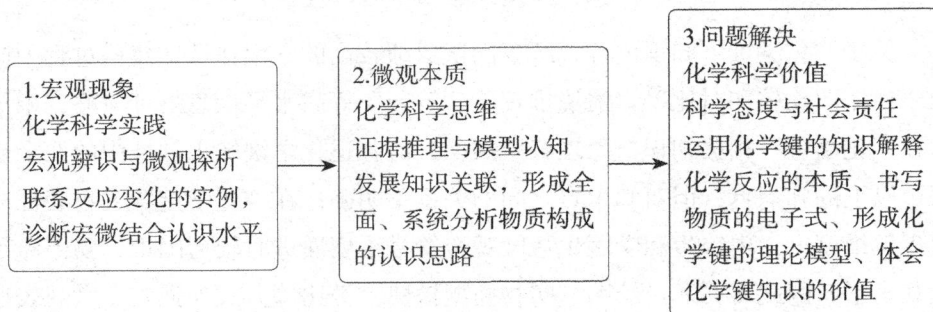

图1 "化学键"教学与评价思路示意图

六、教学过程

1. 宏观辨识与微观探析（化学键与分子间作用力的区别）

学习任务1：探究液态水加热变成水蒸气、电解水生成氢气和氧气[4]，这二者在微观上的区别，用画图的方式表达出来。教学流程如图2所示。

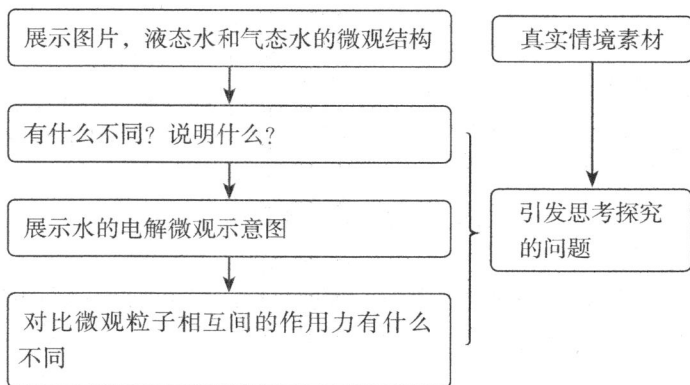

图2　学习任务1教学流程

评价任务1：诊断并发展学生对宏观现象与微观本质的联系，能运用微粒结构图式描述物质及其变化的过程。

2. 证据推理与模型认知

学习任务2：揭示原子达到稳定结构的途径——形成离子键或共价键[5]。教学流程如图3所示。

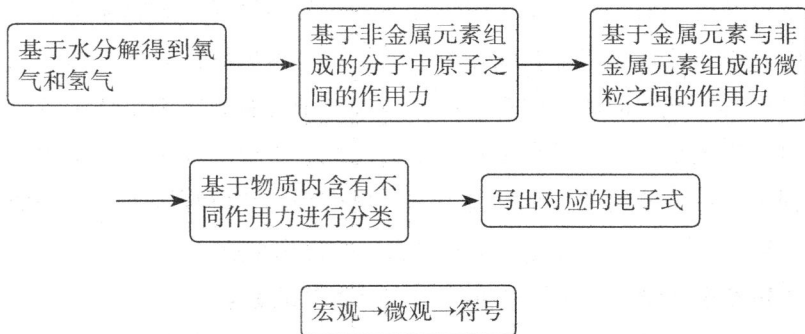

图3　学习任务2教学流程

评价任务2：诊断并发展学生对H、O、Na原子的结合的认识，对其提出假设，并依据原子结构的稳定性形成H_2、H_2O、O_2、Na_2O。

3. 问题解决

学习任务3：把H、O、Na三种元素还可形成的单质或化合物用电子式表示出来（分别有以下物质：NaH、NaOH、Na_2O_2、H_2O_2），建立原子间化学键的认识模型及离子化合物、共价化合物的概念。教学流程如图4所示。

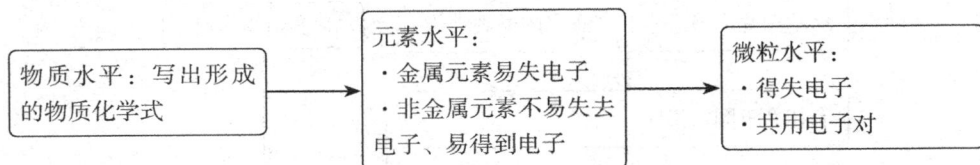

物质水平：写出形成
的物质化学式
→
元素水平：
·金属元素易失电子
·非金属元素不易失去
电子、易得到电子
→
微粒水平：
·得失电子
·共用电子对

图4　学习任务3教学流程

评价任务3：诊断并发展学生对离子键、化学键本质的认识进阶（物质水平、元素水平、微粒水平）。

七、教学反思

本教学设计的亮点有三个。

1. 基于文献研究，了解本课的研究现状，整合化学键认识思路

本设计通过查阅多篇文献资料[1-5]，明晰了学生在本课前已有的物质结构领域的化学知识基础。学生在初中阶段基本掌握了原子的结构，知道物质是由原子、分子或离子构成的；在必修1氧化还原反应一节中，学生掌握了氧化还原反应的本质是电子的转移（得失或偏移），对化学反应中的物质微观变化有一定初步的认识。此外，多篇文献显示，学生在本课后的信息处理水平及在三重表征概念理解维度上的递进困难，具体表现为中等生和学困生从微观至符号维度递进时较为困难，易停滞在微观水平。因此，本设计在学生化学键概念认知建构过程中，综合使用"比较类比""情境推理""解释"等高水平信息处理策略，突破"离子键与共价键之间的关联"的建构难点。

2. 注重基于"学习任务"开展"素养为本"的教学

本节课主要培养宏观辨析与微观探析、模型认知的化学学科核心素养。本节课将主题由"分子、原子、离子是如何形成物质的"细化至"原子是通过什么途径达到稳定结构的"，删去"认识化学键的断裂和形成是化学反应中物质变化的实质"（延至第二章《化学反应与能量》第1课时）。通过对比金属元素与非金属元素、活泼金属元素与非活泼金属元素之间化学键的形成方式，从本质上理解共价键与离子键的形成差异，使学生进一步从结构的角度认识物质的构成。

具体设置了以下教学活动。

活动一：探究液态水加热变成水蒸气、电解水生成氢气和氧气，这二者在微观上的区别，用画图的方式表达出来（概括关联、宏微结合）。

活动二：以电子式作为探索原子如何达到稳定结构的手段，运用电子式模型搭建几个简单物质，将共价键、离子键的成因显性化；最后过渡到离子键、共价键的符号表征上（分析解释、模型建构）。

活动三：结课阶段请学生说出KBr、HF的成键原因（推论预测、模型运用）。

3. 进行"教、学、评"一体化的教学设计与实施

基于文献测查结果，在明晰了学生化学键学习的规律及其存在问题的基础上，开展"教、学、评"一体化的教学实践探索。设计三个活动，层层递进，依次通过"画出""搭建出""说出"，实现测查宏微结合的辨识水平，强化宏微表征与符号表征的关联水平，检验模型运用的推论水平。本课采用的电子式模型、类比等方式，从课堂学生的表现反馈来看，模型的应用取得了比较好的教学效果。

本课的不足：

（1）对课堂上学生的错误数据收集不足，没能形成比较客观全面的反馈。

（2）课后对学生的访谈不足，没有将学生的学案收集回来，学生收获水平没有形成统计数据支撑。

参考文献：

［1］中华人民共和国教育部.普通高中化学课程标准（2017年版）［M］.北京：人民教育出版社，2018.

［2］姚淑霞.化学键概念教学的创新尝试［J］.化学教学，2009（7）：51-54.

［3］秦璐，陈晓娜，闫春更，等.基于FLOWMAP的"化学键"学习结果测查与多维评析［J］.化学教学，2019（2）：20-25.

［4］张发新.深度学习：实现化学教育价值的关键所在——以"化学键"教学为例［J］.中学化学教学参考，2016（3）：1-4.

［5］孙飞.化学键教学中构建"宏-微-符-宏"概念模型［J］.化学教与学，2015（6）：61-63.

专家点评

　　从学生熟悉物质的宏观性质入手，引导学生从微观角度探究物质不同变化的原因，通过动手搭建具体物质的结构模型，发现问题，深入分析其微观结构，引入化学键认知，发展学生对离子键、化学键本质的认识和物质变化思路的结构化水平，最后过渡到离子键、共价键的符号表征；培养了学生用微观结构解释宏观实验现象的能力和用化学符号表征化学反应的能力。

第四节 "简单的有机化合物及其应用"主题教学设计

案例1 甲烷

广州市第97中学 李意忠

一、课程知识

1. 课标要求

（1）内容要求：知道分子存在一定的空间结构。认识化学键的断裂和形成是化学反应中物质变化的实质（新课标P18）。

（2）学业要求：能描述甲烷、乙烯、乙炔的分子结构特征，并能搭建甲烷和乙烷的立体模型（新课标P21）；能从有机化合物及其性质的角度对能源、材料、饮食、健康、环境等实际问题进行分析、讨论和评价。

2. 教材内容分析

甲烷在初中学段已经以"天然气""沼气"作为清洁能源（可燃性、还原性）的角色被学生所了解。教材立足于此，先阐述其社会价值，再突破无机视角，使其作为最简单的有机物登场，介绍典型的有机化学反应类型，叩开有机化合物世界的大门。教材通过引导学生分析甲烷的结构、认识甲烷的性质，使学生能类推烷烃的通性。也通过本次课，为学生呈现认识有机物的一般思路和方法。在分子结构方面，通过呈现四面体的稳定构型，除反映其部分性质外，也可为下节乙烯分子平面结构的不稳定性埋下伏笔。

教材第一章介绍了化学键的知识，可以用化学键的观点来解释甲烷发生化学反应的过程。

三种版本教材的呈现比较：

比较项目	人教版	鲁科版	苏教版
教材内容	甲烷用途、甲烷的物理和化学性质、取代反应的概念	生活中的有机化合物、甲烷的物理性质、化学性质、取代反应的概念	化石燃料概述，有关甲烷的数据与计算，甲烷的物理性质及化学性质，取代反应的概念、用途
呈现顺序	用途—模型解剖—氧化反应—取代反应的概念	生活中的有机物—甲烷的物理性质—甲烷的化学性质（氧化、取代）的概念	化石燃料概述—有关甲烷的数据与计算—物理性质—可燃性与用途—取代反应（概念）与用途
教材中的实验	甲烷和氯气的取代反应	甲烷的燃烧、通入酸性高锰酸钾溶液、与氯气的取代反应	甲烷的燃烧、甲烷和氯气的取代反应
配图	正四面体模型、球棍模型、比例模型、甲烷与氯气反应实验装置	含有多种有机化合物的水果、用有机化合物合成的药物、一些常见的有机化合物制品、甲烷与氯气反应的实验装置、天然气燃烧产生的火焰	"可燃冰"的燃烧、甲烷的结构式、收集甲烷和氯气
栏目设置	实践活动制作模型、科学探究取代反应	联想质疑、观察思考、迁移应用、知识卡片、身边的化学	拓宽视野、交流与讨论、观察与思考、资料卡
比较分析	人教版教材突出"结构—反应"这一认识有机物的核心角度，鲁科版教材则凸显STS理念，引入丰富的相关材料、栏目信息，帮助学生拓宽知识视野，但把甲烷的结构特点划归到烷烃的通性部分呈现。苏教版教材则更加重视"性质—用途"的呈现，但并未直接呈现甲烷分子的结构模型。虽然三种版本教材都对甲烷分子的结构或化学键特点进行剖析，但并没有将化学键与其性质直接联系起来		

3. 考纲要求

（1）2019年考纲中有关表述：①掌握原子结构示意图、电子式、分子式、结构式和结构简式等表示方法；②了解有机化合物中碳的成键特征；③掌握常见有机反应类型；④了解甲烷、乙烯、苯等有机化合物的主要性质及应用；⑤掌握烷、烯、炔和芳香烃的结构与性质。（选考内容）

（2）对比近年来高考化学《考试大纲》。近年来《考试大纲》中有关甲烷的描述对比表：

考试范围		2016年	2017—2019年
必考		了解原子结构示意图、分子式、结构式和结构简式的表示方法	掌握原子结构示意图、电子式、分子式、结构式和结构简式等表示方法
		了解有机化合物中碳的成键特征	了解有机化合物中碳的成键特征
		了解甲烷、乙烯、苯等有机化合物的主要性质	了解甲烷、乙烯、苯等有机化合物的主要性质及应用
		了解上述有机化合物发生反应的类型	掌握常见有机反应类型
		以上各部分知识的综合应用	以上各部分知识的综合应用
选考		了解常见有机化合物的结构，了解有机物分子中的官能团，能正确表示它们的结构	—
		以烷、烯、炔和芳香烃的代表物为例，比较它们在组成、结构、性质上的差异	掌握烷、烯、炔和芳香烃的结构与性质
		了解天然气、石油液化气和汽油的主要成分及其应用	—
		举例说明烃类物质在有机合成和有机化工中的重要作用	了解烃类及其衍生物的重要应用以及烃的衍生物的合成方法
		了解加成反应、取代反应和消去反应	—

　　自2017年全面推进高考改革以来，2017至2019年有关甲烷的考纲描述并未发生改变。2017年全面贯彻"一体四层四翼"的高考评价体系，结合学科特点和核心素养的要求，明确"必备知识、关键能力、学科素养、核心价值"四层考查目标。与2016年的考纲相比，2017-2019年重点考查学生对所学知识的运用能力，强调独立思考、分析问题和解决问题的能力。

4. 考情呈现（近三年高考全国卷）

年份/卷型	题型	考点
2018 I 卷	客观题	甲烷与Cl_2反应的产物（N_A题）
2018 I 卷	客观题	烷烃中C的结构特点、同分异构现象
2018 II 卷	客观题	甲烷与Cl_2反应的实验现象
2018 II 卷	客观题	甲烷的物理性质（N_A题）
2018 III 卷	客观题	乙烷的成键特征
2017 II 卷	客观题	甲烷与Cl_2反应的实验现象
2016 III 卷	客观题	乙烷的取代反应条件

从近三年的考情来看，一般会通过客观题来考查一些琐碎的基础知识点，甚至会通过简单变式为乙烷，考查烷烃的C的成键特征和主要性质。而且考查频率与密度有进一步增强的趋势，甚至详细挖掘实验过程中现象的细节。

二、学生知识

1. 学生的认知基础

学生已经知道甲烷是一种化石燃料，能从甲烷的元素组成上认识燃烧反应的条件和产物。在第二章化学能与电能的转化中，也了解了甲烷还可以作为燃料电池，将化学能转化为电能。在学生印象中，从一定程度上来说，已经给甲烷贴上了"能源"的标签。学完化学键的知识，学生可以初步从化学键的断裂和形成的角度来理解化学反应的过程，但与甲烷的性质还未能很好地建立具体的联系。可以说，对甲烷的认识还处于静态、孤立的水平。

2. 学生的学习障碍点

（1）疑点：甲烷这么稳定，为什么又能发生燃烧和卤代反应？它的结构与性质有哪些关联？如何用化学键的断裂和形成来解释甲烷与其他物质发生的化学反应？

（2）难点：突破仅从元素组成、反应方程式的角度认识化学反应，从化学键的角度来理解甲烷分子在反应中的变化。

3. 学生的知识增长点

理解甲烷分子中的C—H极性键与其化学性质的相关性，从空间结构、化学键的角度分别去分析其具有的化学性质。学习有机化合物的一般方法，即通过分析（化学键）结构，预测有机化合物的性质。

三、教学与评价目标

1. 教学目标

（1）通过微课和同学汇报，了解有机化合物、甲烷的部分性质和用途。

（2）通过分子模型的讨论分析，知道甲烷正四面体结构与性质稳定的相关性。

（3）通过观看实验视频，从化学键的视角建立起宏观实验现象与微观结构之间的联系，掌握甲烷的化学性质，培养宏观辨识与微观探析、证据推理与模型认知的素养化学学科核心。

（4）通过推断乙烷性质的练习和分析方法的小结，形成对烷烃的一般认知模型。

2. 评价目标

（1）通过对甲烷性质和用途的归纳，诊断和发展学生对甲烷的整体认识水平（静态水平、社会价值视角）。

（2）通过讨论与分析，发展学生"结构决定性质"的核心观念（微粒水平、孤立水平）。

（3）通过讨论C—H极性键在甲烷化学性质中的表现，诊断学生是否建立起从成键、断键的角度分析化学反应的思维方法（微粒水平、系统水平）。

（4）通过迁移学习和课堂小结，诊断学生是否形成学习有机化合物的一般方法（系统水平、学科价值视角）。

四、教学重难点

教学重点：甲烷分子的结构与性质。

教学难点：从成键、断键的角度认识有机化学反应。

五、教学过程

教学环节	教师活动	学生活动	教学策略	学科核心素养
1.真实情境导入	（1）微课导入《认识有机化合物》。 （2）学生汇报《甲烷的性质及用途》。 （3）提问：甲烷分子结构有何特点？	观摩、对比、思考	（1）"宏—微—符"三重表征策略。 （2）讨论汇报策略	宏观辨识与微观探析
2.学习理解	（1）甲烷的正四面体结构的特点与稳定性。 （2）C—H极性键的断键与甲烷的分解、氧化反应	（1）拼接、观察甲烷分子结构模型，阅读教材有关甲烷稳定性的描述，构建"结构决定性质"的观念。 （2）从化学键的角度分析甲烷发生的化学反应	（1）C—H极性键策略。 （2）"宏—微—符"三重表征策略	宏观辨识与微观探析

续表

教学环节	教师活动	学生活动	教学策略	学科核心素养
3.应用实践	（1）C-H极性键的断键与甲烷的取代反应。 （2）取代反应的概念	（1）观看实验视频、阅读教材材料，推测反应产物，解释实验现象。 （2）拼接分子结构模型，推断反应过程。 （3）概念的提炼	（1）"宏—微—符"三重表征策略。 （2）C-H极性键策略。 （3）讨论与汇报策略	（1）宏观辨识与微观探析。 （2）证据推理与模型认知
4.问题解决	（1）乙烷的取代反应分析。 （2）课堂小结	（1）思考、分析、解决问题。 （2）小结认识有机物（烷烃）的一般方法	类比、迁移	证据推理与模型认知

六、教学反思

本次课扎实贯彻"结构决定性质"这一核心观念，从甲烷的C-H极性键出发，探讨了甲烷发生的分解、氧化与取代这三种反应类型，并且从化学键的角度分析了其反应过程，为学生树立起学习有机化合物的一般认识方法。突破了我们对甲烷结构解剖的视角，将C-H极性键作为决定甲烷化学性质的结构基础，既拓展了对甲烷性质（分解、氧化）的理解，又充分地从C-H极性键角度帮助学生较好地理解了有机化合物的一般反应过程，从而为学生理解甲烷与卤素单质的取代反应奠定了基础。后续遇到的极性更强的键如乙醇中的O-H键、乙酸中的O-H键等，学生能在同一种思维框架下进行学习和拓展，促进了学生更高效地学习。

本次课在"教学与评价一体化"理念的指导下，在课堂教学前进行评价设计，在教学中收集学生的学习信息、评价学生的学习情况、反馈评价的结果，较好地调控着教与学的教学过程。围绕新课标，把教、学、评这一教育三角形有机地结合了起来，通过评价引导教师的教学和促进学生的学习，从而实现学生的自主成长。[1]

参考文献:

[1] 唐云波.初中化学"教·学·评一体化"教学模式的构建与实施 [J].
化学教育, 2013 (6): 50-53.

专家点评

　　用"真实情境"素材,帮助学生了解甲烷性质、用途,使学生学会观察、总结、分析,形成对"甲烷"的宏观印象。用模型拼接活动促进学生对甲烷空间结构的认识,在符号表征甲烷化学性质的过程中,使学生从微观理解有机物的断键和成键特点,掌握有机物的学习方法。设计了学生"制作结构模型"的实践活动,加深学生对有机物的成键规律和结构特点的认识,为深入学习有机物奠定了认识角度和思维方式的基础。

案例2　乙醇

广州市海珠中学　韩凤伟

一、课程知识

1. 课标要求

　　(1)内容要求:以乙醇为例,认识有机化合物中的官能团,知道氧化反应、有机物之间是可以转化的。[1]

　　(2)学业要求:能辨识常见有机化合物中的官能团,描述乙醇的化学性质及相应的化学实验现象,书写方程式,利用主要性质进行物质鉴别;能从有机的角度分析问题。[1]

2. 考纲要求

　　(1)接受,吸收、整合信息的能力。

　　(2)了解乙醇的结构和主要性质。[2]

3. 考情呈现

年份/卷型	题型	考点
2019 I卷（全国）	填空：36题 （1）A的官能团。 （4）反应④所需的试剂和条件是 _____	（1）认识乙醇的官能团。 （2）乙醇的酯化反应
2018 I卷（全国）	填空：9题 在生成和纯化乙酸乙酯的实验过程中，下列操作未涉及的是 _____ 36题 （3）反应④所需试剂、条件分别为 _____	（1）乙醇的酯化反应。 （2）乙醇的酯化反应
2016 I卷（全国）	填空：35题 （4）由F生成G的化学方程式为 _____	羟基和羧基的酯化反应

分析：从高考题来看，一般会通过官能团认知及官能团的性质来考查。在物质合成时重视过渡物质。

4. 教材内容分析

比较项目	人教版	鲁科版	苏教版
引入	直接引入	从联想质疑、身边的化学引入乙醇	从生活中的饮料引入
主要活动	实验3-2：乙醇和钠反应。 实验3-3：乙醇的催化氧化	活动探究： （1）乙醇与钠反应。 （2）乙醇的催化氧化	观察与思考： 实验1：乙醇与钠反应。 实验2：乙醇的催化氧化，给出实验照片
乙醇的结构呈现	通过实验引出乙醇的结构和羟基，引入官能团的概念	只介绍了乙醇的结构式——羟基	先呈现乙醇的结构和用途，再进行实验探究，用资料卡的形式介绍了甲醛，乙醛及其化学性质
乙醇的用途	无专门的文字	列出了酒精的用途，用身边的化学栏目介绍了饮酒的利弊	乙醇的用途

从三种教材对比来看，都以乙醇的结构和性质作为本节课的重点内容，引入官能团的概念，以及官能团对性质的影响。苏教版介绍了醛基的结构性质和用途。

乙醇作为生活中常见的有机物，有悠久的酒文化历史，可以引起学生的兴趣。

从化学反应的本质——断键成键的角度，分析微观变化，用化学方程式表达反应过程，实现微观变化与符号表达的转化。把实验现象作为成键断键的证据。

二、学生知识

1. 学生的认知基础

学生通过学习甲烷、乙烯、苯，知道有机反应成键断键的特点，学过乙烯了解到官能团的作用，因此研究乙醇的化学性质可以从断键成键以及官能团的方向分析。

2. 学生的学习障碍点

（1）疑点：

① 微观探析：有些学生还是不能从断键成建的角度分析问题。

② 宏观解释：不能用微观的结构解释宏观的现象。

（2）难点：

① 宏观与微观结合，即宏观现象的微观解释。

② 符号表达：化学方程式的书写；思维完整性，语言表达能力。

3. 学生的知识增长点

通过结构推断有机物的性质；认识有机反应的断键成键位置，认识官能团在有机反应中的作用和变化。

三、教学与评价目标

1. 教学目标

（1）通过阅读文本信息，获取乙醇的宏观性质，培养获取信息的能力。

（2）通过模型认识乙醇的微观结构、化学键的类型、官能团的结构，分析乙醇的断键成键位置，推测乙醇的性质，创设情境，寻找证据，论证化学反应的结果；对宏观实验现象能用微观结构进行解释。

（3）用化学符号描述化学反应。

2. 评价目标

（1）通过提问的方式对乙醇物理性质的自学进行评价。

（2）对实验现象的解释水平进行评价。

（3）通过投影学生书写的化学方程式，实现学生和教师的互动评价。

（4）教师对学生语言表达的合理性进行点评。

四、教学重难点

教学重点：乙醇的结构及性质。

教学难点：乙醇的结构及性质。

五、设计理念

从微观结构的认识开始，预测乙醇的性质，进行实验探究，得到结构决定性质的结论，并用化学符号准确描述变化的过程，在教学过程中不断反馈，促进学生对研究对象的掌握。

六、教学流程

教学流程如图1所示。

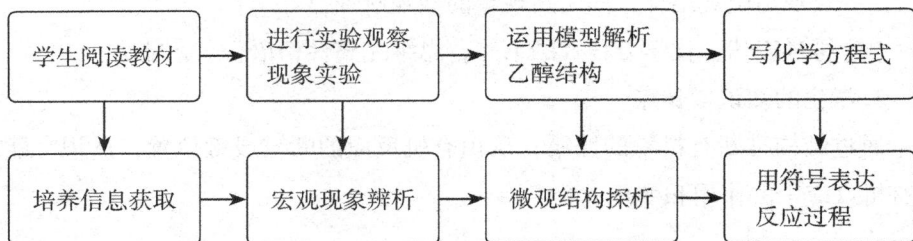

图1　教学流程

七、教学过程

教学环节	教师活动	学生活动	学科核心素养
环节一	引入新课： （1）以酒精灯的使用为情境，引导学生总结乙醇的性质。 （2）指导学生阅读教材P73	（1）总结乙醇的物理性质。 （2）比较乙醇和乙烷的沸点，指明原因。 找出乙醇易溶于水的结构上原因	锻炼获取信息的能力

教学环节	教师活动	学生活动	学科核心素养
环节二	演示乙醇的模型，提示学生阅读教材P74了解：①烃的衍生物；②官能团 （1）实验1 H H H–C–C–O–H H H （2）乙醇与钠的反应	（1）写出乙醇的结构式，电子式。 （2）分析乙醇与钠反应可能断键的位置。 （3）阅读教材P96，创设情境：了解煤油的结构，结合钠存放在煤油中，分析钠能不能使C–H键断，再分析钠与乙醇反应应该断什么键	（1）微观探析，结构决定性质。 （2）性质的结构证据推理
环节三	（1）乙醇的燃烧 观察酒精灯的燃烧。 （2）乙醇的催化氧化 观察实验： 乙醇的催化氧化实验 教师引导学生分析断键位置	回答问题： （1）用酒精灯加热为什么用外焰？ （2）燃烧快慢与哪些因素有关？ （3）分析断键位置。 （4）写化学方程式	证据推理，培养宏观辨识能力。落实化学符号表达能力
环节四	指导学生写化学方程式	（1）写化学方程式。 （2）指出有机物变化的位置	提高运用化学符号表达化学变化过程的能力
环节五	迁移应用，利用官能团的性质，进行拓展	（1）写出甲醇与钠的反应方程式。 （2）丙醇的催化氧化方程式	培养模型的迁移应用能力
环节六	总结本节内容： （1）乙醇的结构与性质的关系。 （2）乙醇有哪些用途？	学生展示查阅的资料，列举乙醇的用途，如环保燃料、消毒剂、化工原料等	培养学生的科学态度和社会责任感

八、教学反思

1. 选择合适的教学模式，培养学科核心素养

本设计在于采用阅读和讨论、实验验证的方式，通过教师引导培养学生微观探析和科学探究的化学学科核心素养。

2. 强化学生的实验现象的证据推理

通过分析乙醇的结构特点推测性质，通过教材找到成键断键的证据，如钠和乙醇的反应，断O–H键；钠储存在煤油中，说明钠不与煤油反应，即C–H键不断，煤油的结构特点可以在教材P95找到证据。

3. 充分利用教材中的资源

如学生在写乙醇的电子式时，往往把结构式转变过来，O的电子式少4个电子，可以引领学生回顾教材P21电子式的概念。酒精灯燃烧，可以以此为情境，让学生思考为什么用外焰加热，复习影响化学反应的因素。让学生不断地重现学过的知识，强化知识之间的联系，形成网络化的学习习惯。培养学生的迁移能力，加深学生对官能团决定性质的认识。

4. 落实过程性评价

在课堂教学中，不断地对学生的行为做出正向的评价，有利于学生形成学习成功的成就感，增强学习的动力。教师及时修正学生的思维方向，有利于学生获得解决问题的能力。

5. 留给学生思考的时间

对学生而言，知识的网络化还没有形成，因此给学生留下看教材、相互讨论交流的时间，可以促进学生获得充分的信息资源，为学习新的知识做准备。

参考文献：

[1] 中华人民共和国教育部.普通高中化学课程标准（2017年版）[M].北京：人民教育出版社，2018.

[2] 彭丹，孙霞，明欣，等.突破学生学习有机化学思维障碍的教学实践研究 [J].化学教育，2019（5）：30-36.

专家点评

　　能从生活中的乙醇引入，引导学生阅读文本信息，获取乙醇的宏观性质，培养学生获取信息的能力。通过模型认识乙醇的微观结构、化学键的类型、官能团的结构，分析乙醇的断键成键位置，推测乙醇的性质，通过实验寻找证据，论证结果，并用化学符号表征化学反应，培养了学生用微观结构解释宏观实验现象的能力，并建立了有机物的认知模型。最后通过向学生展示乙醇在生活生产中的应用，培养学生的科学态度与社会责任。

第五节　"化学与社会发展"主题教学设计

案例　海水的综合利用

广州市真光中学　周　健

一、课程知识

1. 课标要求

（1）内容要求[1]：以海水、金属矿物、煤、石油等的开发利用为例，了解依据物质性质及其变化，综合利用资源和能源的方法（P24）。

（2）学业要求[1]：①能举例说明重要资源和能源的主要类型、成分和用途（P50）；②能从化学的角度分析从资源到产品的转化途径，能对资源的开发利用和能源的使用方案进行评价（P50）；③辩证地看待资源使用的利弊及其对环境和社会的影响（P50）。

2. 教材内容分析

下表给出了现行的不同版本教材中"海水资源的开发利用"的知识呈现：

比较项目	人教版	苏教版	鲁科版
书目	必修2	必修1	必修1
章标	化学与自然资源的开发利用	从海水中获得的化学物质	自然界中的元素
节标	开发利用金属矿物和海水资源	氯、溴、碘及其化合物。钠、镁及其化合物	海水中的元素
次序	海水水资源的利用→海水化学资源的开发利用	氯气的生产原理→溴、碘的提取→金属钠、碳酸钠的性质与应用→镁的提取及应用	海水——元素宝库→镁与海水提镁→溴与海水提溴

比较项目	人教版	苏教版	鲁科版
实验	证明海带中存在碘元素	（1）电解饱和食盐水。 （2）氯气、氯水的性质实验。 （3）卤素间的置换反应实验。 （4）钠的性质实验。 （5）碳酸钠、碳酸氢钠的性质实验。 （6）导电性实验。 （7）镁的性质实验	（1）镁在二氧化碳中燃烧。 （2）溴、碘单质的物理性质。 （3）卤素单质的氧化性强弱比较
图表	（1）海水蒸馏原理。 （2）太阳能蒸发原理。 （3）海水综合利用联合工业体系一例。 资料卡片：海水提溴。 思考与交流：设计实验方案模拟海水提溴	（1）每千克海水中几种氯化物的含量。 （2）从海带中提取碘的流程。 （3）从海水中提取镁的流程	（1）海水中的化学元素。 （2）1000g海水的化学组成示意图。 （3）海水晒盐。 （4）氯碱工业及有关化工产品。 （5）海水提镁的工业流程。 （6）海水的综合利用等

　　从中可以看出，尽管三种教材对"海水资源的开发利用"知识的呈现顺序和方式有很大差别，但是总体上，三种版本的教材在知识点的教学上差别不大。三种版本的教材都介绍了海水资源的主要类型、成分和用途，选取氯、溴、碘、钠、镁等元素，学习或运用有关物质的性质，关注资源到产品的转化，重视实验教学。苏教版和鲁科版将此内容编写在必修1中，与元素化合物的学习融为一体，而人教版将其作为高中必修模块的结尾，是对学生元素化合物知识、氧化还原反应等概念、实验知识等的总结复习，是知识到能力的提升，同时对学生进一步确定选科乃至选择未来的升学和就业方向都可能产生一定的影响。

二、学生知识

1. 学生的认知基础

　　学生此前已经掌握了元素化合物的性质以及氧化还原反应的知识，学习了蒸馏、溶解、过滤、萃取等实验方法，理解了物质的量、浓度等概念。通过之前的学习，学生建立了元素观、微粒观、变化观、守恒观，且具备一定的实验能力。

2. 学生的学习障碍点[2]

（1）疑点：海带中碘元素以什么形式存在？灼烧海带过程中碘元素的存在形式发生了怎样的改变？"富集"的方法和意义是什么？海水提溴过程中"空气吹出"的原理是什么？如何操作？

（2）难点：证明海带中的碘元素的实验方案的整体设计；学生对实际工业生产问题不了解，对实际工业生产中需要考虑的科学、技术、环境、能源等问题欠缺系统分析和综合考虑；从化学的视角看待和解决真实复杂的问题，从化学的角度分析从资源到产品的转化途径。

3. 学生的知识增长点

（1）在有关物质分离、提纯、转化、检验等实验中进一步培养学生的微粒观、元素观、变化观等化学观念。

（2）在探究海带提取碘、海水提取溴的实验方案中构建从自然提取各种化学物质的理论模型，养成从化学角度思考实际问题、用化学原理解决实际问题的习惯。

（3）在真实的情境中体验常见的工业生产流程、技术；在资源综合开发利用中体会化学方法与技术对开发、综合利用自然资源方面的作用，感悟化学对社会发展的重大贡献。

三、教学与评价目标

1. 教学目标

（1）能借助教材和网络资料，了解海水资源的主要类型、特点和开发利用的现状。

（2）能运用氧化还原及元素化合物知识，进行实验设计和实验操作，证明海带中含有碘元素。

（3）能掌握海带提碘、海水提溴的原理和方法，了解"富集"的意义和措施。

（4）加强物质成分、性质等化学视角与真实情境素材之间的联系，从化学的视角看待和解决实际问题，从化学的角度分析从资源到产品的转化途径。

（5）了解运用化学知识从海水资源中获取人类所需的物质的方法，体会化学科学对人类文明和社会发展的促进作用。

2. 评价目标

（1）能阅读教材并完成课前预习案中有关海水资源的主要类型、特点和开发利用等，能在课外查阅海水资源及其利用的相关资料并制作PPT。

（2）能对证明海带中含有碘元素提出实验方案，能对他人的实验方案进行评价，能动手进行实验验证。

（3）能讲述海带提碘的实验过程及涉及的化学反应；能分析海水提溴的工业流程图并书写反应的化学方程式，能与他人交流"富集"的意义和措施。

（4）能运用元素观建立原料和产品之间的关联，能调用氧化还原反应和元素化合物的性质实现物质的转化。

（5）能结合视频和教材，完成海水综合利用的思维导图[3]。

四、教学重难点

教学重点：

（1）海带提碘。

（2）建立从自然获取化学物质的理论模型。

教学难点：海水提溴过程中溴元素富集的过程。

五、教学流程

教学流程如图1所示。

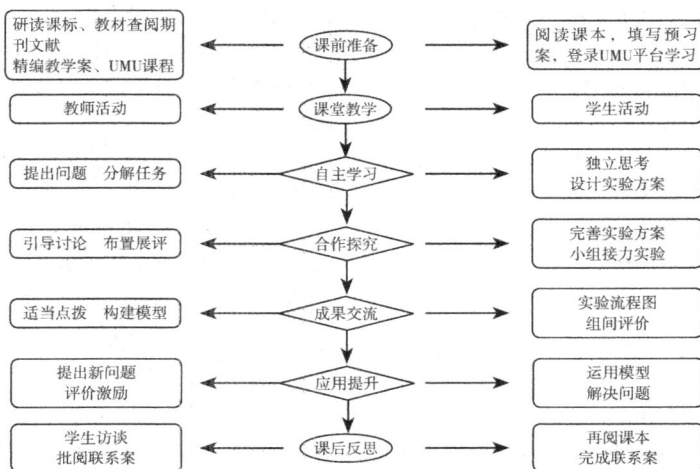

图1　教学流程

六、教学过程

情境素材、活动设计、问题设计	设计意图	评价目标
环节一：整体了解海水资源开发利用 课前阅读教材，课堂观看视频。 环节二：海带提碘 问题的提出：为什么要提取碘？为什么要从海带中提取碘？怎样提取？ （资料卡片：①碘与人体健康的关系、碘的用途；②碘在自然界的存在情况。） 任务1：证明海带中含有碘元素的实验方法。 （1）选择什么试剂检验海带灰中的碘离子？预期现象是什么？ （2）不能直接检验碘离子，怎么办？ （3）如何将碘离子转化成碘单质？选择什么试剂？理由是什么？ （4）选择什么试剂检验碘单质？预期现象是什么？ 任务2：证明海带中含有碘元素的实验方案。 选择合适的试剂，补充填写实验报告中的实验步骤和实验原理。 任务3：分组接力实验证明海带中含有碘元素。 任务4：总结概括海带中提取碘的过程。 环节三：海水提溴 问题的提出：为什么要提取溴？为什么要从海水中提取溴？怎样提取？ （资料卡片：①溴的用途；②溴在自然界的存在情况。） 浓海水（苦卤）→ 酸化（H₂SO₄）→ 氧化（Cl₂）→ 吹出（空气和水蒸气）→ 吸收（SO₂）→ 氧化（Cl₂）→ 分离 → 溴 环节四：延伸与拓展 课后探究案：海水提镁等单质	了解海水资源的主要类型、特点和开发利用的现状。 引导学生关注化学与人类生活的关系：化学帮助人们创造美好生活。 引导学生从生活视角转换成化学视角。 运用氧化还原及元素化合物知识，进行实验设计，解决实际问题。 指导学生用正确的思维、规范的语言设计实验方案，培养学生严谨的科学态度。 提升实验操作能力和协同合作能力。 从化学的角度分析从资源到产品的转化途径，构建从自然界提取化学物质的理论模型。 模型应用	课前完成预习案，在教材P92图4-5中相应位置标注元素或物质的化学式；课堂认真观看。 阅读资料卡片内容。 圈画重要信息，关注海带中的碘元素的存在形式。考虑同时有氯离子、溴离子作为干扰，排除稀硝酸和硝酸银的检验方法。 考虑实验现象、绿色环保等，选择绿色氧化剂——双氧水。书写离子反应方程式。 淀粉溶液，现象：溶液变蓝。 四氯化碳，现象：分层，下层紫红色。 注意两个问题： （1）氧化时需要加入稀硫酸。 （2）试剂的用量。 四人小组合作，记录实验现象及海带灰的浸取、过滤、氧化及检验（含萃取）等步骤。 海带 → 灼烧 → 浸取（H₂O）→ 过滤（固体）→ 氧化（H₂O₂、H₂SO₄）→ 分离 → 碘 从化学的角度分析真实工艺流程，考虑四个方面： （1）物质组成及转化（价类二维）。 （2）实验。 （3）原理（速率和限度）。 （4）工业（技术、能源、环保）

七、教后反思

本教学设计的亮点有四个。

1. 精心设计实验教学，培养实验探究与创新意识的化学学科核心素养

（1）实验设计方面：结合学情，将整体设计实验方案的任务进行分解，以问题链的形式引导学生有序思考。问题链环环相扣、层层递进，培养学生严谨的科学态度。

（2）实验操作方面：重视学生亲身体验的过程，培养学生实验操作能力。为了让学生体验从海带中提取得到碘单质的完整过程，同时考虑课堂时间限制，将实验操作步骤做了如下安排：①由教师在课前灼烧海带，将刷、剪、加酒精、灼烧等几个动作拍图，在PPT中呈现；②课堂上学生进行分组接力实验，4名学生分别完成海带灰浸取、过滤、氧化及检验、萃取，这样既能节省实验时间，又能培养学生团队合作精神。

（3）实验习惯方面：在课堂教学案中有相应的表格，课堂教学实施过程中教师要提醒学生及时在表格中记录观察到的实验现象并进行解释。

2. 精心构建理论模型，培养证据推理与模型认知的化学学科核心素养

通过环节二海带提碘，帮助学生从化学的角度分析从资源到产品的转化途径，构建从自然提取化学物质的理论模型，培养学生从化学角度思考实际问题的习惯，并在此过程中培养学生的微粒观、元素观、变化观等化学观念；在环节三引导学生运用已建立的模型进行海水提溴。在教材中呈现的是理论模型，引导学生关注的不仅是具体物质的转化，更是解决实际问题时思考的角度。当然，这需要在后续的教学中长期跟进，不断加强与完善。

3. 精心设计教学"三案"，辅助落实"教、学、评"一体化

教学"三案"指课前预习案、课堂探究案、课后练习案，教师充分考虑学生的已有知识和能力、疑难点、发展点，结合本节课的教学目标，将本节课的教学内容合理安排到"三案"中：通过课前预习案引导学生阅读教材，对海水资源有整体的、初步的了解；在课堂探究案中突出本节课的重点，在学案中以资料卡片的形式补充必需的材料；通过课后练习案进一步落实本节课的知识和能力。

4. 借助UMU学习平台，促成学生学习方式的转变

在UMU学习平台观看视频和材料，是对教材及课前预习案的补充；在UMU学习平台完成小测试并提交，教师能同步了解学生的学习进度及效果，这种学习方式的转变能有效提高教学效率和效果。

本节课仍有不足的地方，最突出的是课堂时间把握不准，以致课堂上环节三海水提溴没有充足的时间进行深入学习，需要在下一课时中进行补充。

通过对学生进行课后访谈，了解到学生集中的疑难点与预估一致，难以理解海水提溴工业生产过程中"空气吹出"的原理、设备、操作等。针对疑难点，确实需要给学生提供"空气吹出"碱吸收法制溴的实验[4]或海水提溴工业生产视频，帮助学生了解。

此外，海带提碘流程中，萃取分液后如何分离碘和CCl_4的问题，习题多有涉及，参考答案基本上是"蒸馏"。事实上实验效果并不理想，可以组织基础较好、学习能力较强的班级进一步探究，在此基础上得到"反萃取法"的实验方案[5]。

参考文献：

[1] 房喻，徐端钧.普通高中化学课程标准（2017年版）解读［M］.北京：高等教育出版社，2018.

[2] 杨龙旭，何彩霞.整合知识学会解决问题——以人教版必修2"海水资源的开发利用"教学为例［J］.实验教学，2017（8）：20-23.

[3] 庞红梅."海水资源的开发利用"课堂实录与再思考［J］.中学化学教学参考，2018（11）：68-70.

[4] 徐守兵."海水资源的开发利用"教学设计与实践［J］.化学教学，2009（12）：40-43.

[5] 陈廷俊.发展学生核心素养的教学实践与思考——以"海水资源的开发利用"为例［J］.中学化学教学参考，2017（1-2）：5-8.

专家点评

　　用海带提碘的实验探究活动，去引导学生了解"海水资源开发和利用"的学科知识，形成从资源到产品的科学视野，选择的情境素材很有代表性和趣味性。联系生活紧密，容易激发学生兴趣。在实验中进行设计、动手、观察、对比等思维活动，有助于"宏观辨析，微观探析"的化学学科素养的形成，形成微粒观、元素观、变化观等化学观念。用"海水提溴"的过程进一步类比学习，帮助学生初步建立了从自然资源到利用的化学途径和生产观念。

第四章

"化学反应原理模块"主题内容教学设计

第一节 "化学反应与能量"主题教学设计

案例1 原电池

广州市第五中学 汪爱华

一、课程知识

原电池是高中化学学科体系的核心知识之一，它的教学是氧化还原反应理论的延伸与应用，也是后续电化学知识的基础。原电池是体现学科交叉、科学理论联系实际、培养学生思维能力和探究能力的好素材[1]。原电池教学内容先后出现在必修和选修模块中，且具有一定的层级关系。必修模块以"铜—锌—稀硫酸"原电池为教学模型，通过具体事例说明通过这样一个装置可以将化学能转化为电能，体现了化学反应产生能量的利用价值；选修模块则以"铜—锌—硫酸锌、硫酸铜双液"原电池为教学模型，让学生体验化学能转化为电能的探究过程，要求学生了解原电池的工作原理，能正确书写电极反应式。

1. 内容要求

新课标中关于电化学的教学，根据学生的知识认知和思维水平分为两个阶段。

第一阶段是高一学段的必修课程，其教学具体内容要求是：知道化学反应可以实现化学能与其他能量形式的转化，能以原电池为例认识化学能可以转化为电能，能从氧化还原反应的角度初步认识原电池的工作原理。同时体会研制新型电池的重要性[2]。

第二阶段是高二学段的选择性必修课程，其教学内容要求是：认识化学能与电能相互转化的实际意义及其重要应用，了解原电池及常见化学电源的工作原理，了解电解池的工作原理，认识电解在实现物质转化和储存能量中的具体应用。了解金属发生电化学腐蚀的本质，知道金属腐蚀的危害，了解防止金属腐蚀的措施[2]。

2. 学业要求

高一学段必修课程要求：能举出化学能转化为电能的实例，能辨识简单原电池的构成要素，并能分析简单原电池的工作原理[2]。

高二学段选择性必修课程要求：

（1）能分析、解释原电池和电解池的工作原理，能设计简单的原电池和电解池。

（2）能列举常见的化学电源，并能利用相关信息分析化学电源的工作原理；能利用电化学原理解释金腐蚀现象，选择并设计防腐措施[2]。

3. 教材内容分析

比较项目	人教版	鲁科版	苏教版
教材呈现形式	选修4《化学反应原理》第四章电化学基础第1节原电池	选修《化学反应原理》第一章化学反应与能量转化第3节化学能转化为电能——电池	选修《化学反应原理》。专题1化学反应与能量转化。第二单元化学能与电能的转化，第一课时——原电池的工作原理
呈现顺序	（1）文本信息：铜/锌电池（单池）工作原理。（2）实验探究：铜/锌双液原电池的工作原理。（3）分析盐桥的作用。（4）科学探究：设计、制作原电池并进行实验观察（不限定试剂和材料）	（1）联想和质疑：原电池的工作原理和电解原理有何异同？（2）活动探究：设计铜/锌电池。（3）观察和思考：出示铜/锌双液原电池装置图片，进行实验观察。（4）资料在线：介绍盐桥。（5）原电池中电流产生的原因	（1）实验探究实验1：锌和硫酸铜溶液的反应。实验2：铜/锌双液原电池的工作原理。（2）活动探究根据离子反应$Fe+Cu^{2+}=Fe^{2+}+Cu$，设计电池并进行实验观察

比较项目	人教版	鲁科版	苏教版
差异性	注重氧化还原反应知识的应用，在化学能与电能的基础上，引入盐桥的概念，深入学习原电池的工作原理	在学习电解原理的基础上来理解电池的工作原理，注重"模型"的构建，对比归纳总结，突出"宏观辨识和微观辨析"	注重学生的"科学探究和创新意识"的培养，通过实验探究活动，培养学生动手能力、观察能力、设计能力和解决问题的能力
教材中的实验	实验4−1：探究铜/锌双液原电池	活动探究： 实验1：完成锌和硫酸铜溶液的反应。 实验2：设计铜/锌电池。 实验3：探究铜/锌双液原电池	活动探究： 实验1：完成锌和硫酸铜溶液的反应。 实验2：探究铜/锌双液原电池。 实验3：根据$Fe + Cu^{2+} = Fe^{2+} + Cu$设计电池并进行实验观察

　　三种版本教材关于原电池的教学内容的选择和编排都遵循新课标的要求，表达了能源与可持续发展的观念。共同点是在化学能与电能的基础上，引入盐桥的概念，深入学习原电池的工作原理。通过试验探究的方式激发学生主动学习的兴趣，在"证据推理、模型构建"中理解电池的工作原理，突破难点。在氧化还原反应、能量转换、电解质溶液固有知识的基础上，突出了"宏观辨识和微观辨析"的过程学习，为学生学习电解原理、金属的腐蚀与防护等奠定了基础。三种版本教材最后都有布置学习任务，让学生设计原电池并探究其应用，很好地激发了学生的创新意识。其中，人教版注重知识的前后联系和系统性，苏教版和鲁科版更注重学生的实验探究和知识构建过程。本节教学设计因此融合了这两本教材中设计的学生活动。

二、学生知识

　　学生在高中必修阶段的"化学能与电能"中，已经初步了解原电池的工作原理及构成条件，但只能对简单原电池有一定的知识储备，而且旧知识也可能淡忘。把锌铜原电池作为第一认知模型[3]，并由此总结原电池的构成条件，容易使学生的思维固化，从而得出错误印象。例如：①负极的电极材料一定参加电极反应，而正极材料就一定不能参加；②正负极一定是活泼性不同的金属

（或者正极有碳），负极比正极活泼；③一定要电解质溶液，而且电解质溶液要与负极材料反应；④一定是溶液中的阳离子在正极得到电子发生反应……这些疑点会影响学生对单液电池的分析不足，从而造成对双液电池工作原理理解的障碍。

　　但在高二阶段，学生已具有基本的实验操作能力和氧化还原反应、反应热的理论基础，学生可以通过自主探究实验，体会从理论到实践，再从实践到理论的认知规律。在单液电池的优化过程中，建立认识原电池的角度和思路模型[3]，学生思维得到很好的呈现和提升，"证据推理，模型认知"的化学学科素养的培养能够落实。

三、教学与评价目标

1. 教学目标

　　（1）引导学生通过实验探究单液原电池，从宏观到微观的理论角度对原电池进行分析，帮助学生掌握原电池的工作原理及构成条件的同时，发展学生"宏观辨识和微观探析"的化学学科核心素养。

　　（2）通过对比实验，引导学生观察现象、收集实验信息，分析讨论，总结单液原电池的缺点，找出改进方法并进行电池模型设计，掌握盐桥的作用及工作原理。活动过程中培养学生"证据推理，模型认知"的化学学科核心素养。

　　（3）通过学生自主探究，按要求设计陌生原电池模型，加深学生对双液电池工作原理的理解和应用。在问题情境中激发学生的学习兴趣，培养学生探索真理的科学精神。

2. 评价目标

　　（1）通过学生实验探究单液原电池，诊断学生对原电池的工作原理和构成条件的认知水平与思维疑点。

　　（2）通过对比实验的探究过程，观察学生的动手能力、信息收集能力和处理能力，诊断学生的思维生成过程，搭建双液电池模型。

　　（3）通过学生动手设计陌生原电池的活动过程，检查学生对双液电池工作原理的理解水平和应用知识解决实际问题的创新能力。

四、教学重难点

教学重点：双液电池的工作原理和设计。

教学难点：盐桥的作用和原理。

五、教学流程

教学流程如图1所示。

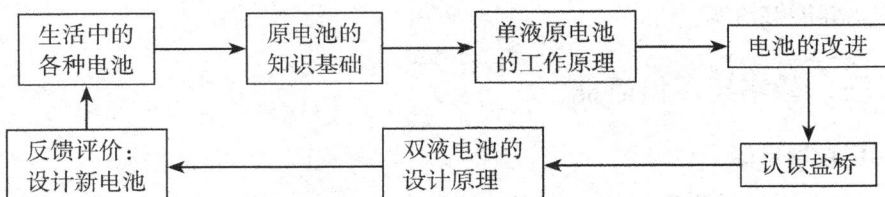

图1　教学流程

六、教学过程

教学环节	教师活动	学生活动	设计意图	学科核心素养
环节一：情境导入	学生列举出一些在生活中电池应用的例子	学生踊跃发言，对课堂的热情高度集中；举出各种例子，让学生感受电池的广泛应用	激发学生学习兴趣，引导学生关注社会	培养学生的科学精神和社会责任
环节二：知识回顾	电池是如何把化学能转化为电能的？	学生回忆原电池的有关内容。原电池是将化学能转换成电能的装置。构成条件：（1）有两个活泼性不同的电极。（2）有电解质溶液。（3）形成闭合回路。（4）能自发地发生氧化还原反应	学生有意识地联系化学变化中的能量转化；能从不同视角对化学变化进行研究，逐步揭示各类变化的特征和规律	体现了化学学科核心素养中的变化观念与平衡思想

教学环节	教师活动	学生活动	设计意图	学科核心素养
环节三：实验探究单液电池的工作原理	实验探究： （1）观察锌和硫酸铜溶液的反应。 （2）设计铜/锌单液电池，并进行实验观察。 （3）要求学生书写电极反应方程式	（1）学生观察： 试验1：锌片表面上有紫红色物质生成。 实验2：锌片表面上有紫红色物质生成，而Cu片上无明显现象，电流表发生偏转。 （2）学生总结： ①锌失去电子成为离子，电子通过导线传给Cu电极，Cu电极上的电子传给溶液，生成Cu。这样产生了电流，从而形成了原电池。 ②加入的电流表指针有偏转，证明的确形成原电池了。而且电流表的指针偏转方向就是电子的流动方向。 （3）学生完成电极方程式的书写	（1）学生通过实验学会收集科学证据和确立寻找证据的途径；学会利用实验模型描述变化，解释化学现象。 （2）培养了学生从微观去理解宏观变化的思维角度	体现了证据推理与模型认知的化学学科核心素养价值观。 使学生理解宏微结合，变化可控，对物质及其变化能够预测可能的结果，学会符号表征，建立解决化学问题的思维框架
环节四：电池改进	问题1： （1）电池继续工作时，电流稳定吗？什么现象可以说明？ （2）锌片表面上有紫红色物质生成，说明什么？（从能量转化的角度分析） （3）如何进行电池改进呢？	学生回答： （1）不稳定，电流表指针总是晃，最后就不偏转了。 （2）Zn极上也有Cu，猜想Zn片表面的铜阻止了锌发生反应。接触反应造成能量损失。 学生讨论： 方案1：将Zn从CuSO₄中分离开来。 方案2：将Zn放在其他电解质中，如ZnSO₄，不接触硫酸铜。 结论：都不行，不能形成闭合回路。 解决办法：设计能导电的中间连接装置，使双池构成闭合回路	在实验过程中学生学会不断发现、不断探索，在实验探究过程中逐渐形成批判精神和创新思维	突出了实验探究与创新意识的化学学科核心素养

续　表

教学环节	教师活动	学生活动	设计意图	学科核心素养
环节四：电池改进	（4）盐桥的作用。教师提供"盐桥"，把两个池连接起来，学生观察现象，提出疑问，然后给出解释。根据实验现象，学生分析盐桥的作用。教师用电脑模拟的微观场景	学生发现：指针偏转了，而且偏转稳定，偏转还大。电流表指针发生偏转，说明原电池工作。讨论：盐桥怎样构成闭合回路呢？结论：盐桥中的溶液连接了两个分离的溶液，使之构成闭合回路。学生：电流表指针偏转角度变大，证明能量转换率提高了。总结盐桥的作用有：（1）补充电荷。（2）使装置形成闭合回路。（3）提高了能量转换率		
	如何通过盐桥设计双液原电池？	学生归纳：以发生氧化反应的金属为负极，含该金属离子的可溶盐为电解质溶液；以比负极材料惰性的材料为正极，含发生还原反应的离子的可溶盐为电解质溶液，并用盐桥连接两电池		
环节五：设计新电池	设计新电池：$Fe+Cu^{2+}=Fe^{2+}+Cu$	学生讨论、设计、画图、展示、点评	学生对实验方案进行创新性优化，学会用已有知识和方法解决问题，体会到化学对社会发展具有重大贡献	培养学生的科学精神和社会责任

七、教学反思

原电池的教学设计主要通过实验探究，设置问题情境，学生自主探究、主动建构知识的过程落实化学学科核心素养的培养。铜/锌原电池是化学电源的具体模型，它模拟了对象的正负极、离子导体、电子导体以及闭合回路等。具体模型具有认识便利、易于接受等特点，但具体模型的具象特征往往可能掩盖本质特征[4]，让学生产生构想误差。本节课充分利用铜/锌双液原电池的案例素材，从锌和硫酸铜溶液的接触反应到单液电池装置模型，组织学生进行实验，观察、分析、解释实验现象，推论预测，设计装置，自我评价等学习活动，发展了学生对单液原电池工作原理的认识水平。同时用情境素材引导学生深入分析单液电池的不足，推动学生主动设计电池装置，搭建科学的电池模型。这些探究活动的设计使学生对盐桥的作用和双液电池的工作原理有了深刻的印象和深入认识，有助于学生建立对电化学过程的系统分析思路；把核心素养融入课堂中，引导学生自主学习，合作探究方案，是学生学会学习、学会创新、自主发展的重要课堂模式。

参考文献：

［1］周倩，熊言林."初识原电池"教学设计［J］.化学教学，2011（11）：26—28.

［2］中华人民共和国教育部.普通高中化学课程标准（2017年版）［M］.北京：人民教育出版社，2018.

［3］王磊，丁晓新.高中生原电池认识发展研究［D］.北京：北京师范大学化学学院，2014.

［4］吴晗清，张娟，赵冬青.铜锌原电池作为原电池基本模型的局限及其突破［J］.化学教学，2017（1）.

专家点评 ◀

从学生已知的单液铜/锌原电池实验探究出发，在问题情境中激发学生学习兴趣，从宏观到微观的理论角度对原电池进行分析，帮助学生进一步理解原电池的工作原理及构成条件，发展学生"宏观辨识和微观探析"的化学学科核心素养。通过对比实验，引导学生观察现象、收集实验信息，分析讨论，总结单液原电池的缺点，找出改进方法并进行电池模型设计，使学生掌握盐桥的作用和双液原电池工作原理，建立分析电化学装置的认知模型，培养学生"证据推理，模型认知"的化学学科核心素养。

案例2 电解池

广州市第九十七中学 崔静娴

一、课程知识

1. 课标要求

认识化学能与电能相互转化的实际意义及其重要应用；了解电解池的工作原理，认识电解在实现物质转化和储存能量中的具体应用。[1]

2. 学业要求

（1）辨识化学反应中的能量转化形式，解释化学变化中能量变化的本质。[1]

（2）分析、解释原电池和电解池的工作原理，设计简单的原电池和电解池。[1]

3. 考纲分析

（1）考纲要求（2019年）。理解原电池和电解池的构成、工作原理及应用，能书写电极反应和总反应方程式，了解常见化学电源的种类及其工作原理。

（2）考情呈现（全国卷）。

年份/卷型	题型	考点
2019 II 卷	主观题	电极判断，总反应方程式的书写
2019 III 卷	客观题	二次电池电极方程式的正误判断，离子移动方向
2018 I 卷	客观题	电极反应、总反应方程式正误判断，电极电势高低判断，电解质溶液性质
2018 II 卷	客观题	二次电池的工作原理，离子移动方向，电极方程式正误判断
2018 III 卷	客观题	二次电池工作原理，电极判断，电子流向，离子移动方向，总反应方程式
	主观题	电极反应式、离子移动方向、氧化还原反应原理
2017 I 卷	客观题	电极电流大小和方向，电子移动方向，电极材料的作用
2017 II 卷	客观题	电极判断，电极反应式，离子移动方向
2017 III 卷	客观题	电极方程式正误判断，转移电子的计算，电极材料的作用
2016 I 卷	客观题	离子移动方向，溶液pH变化，放电顺序，电极方程式，转移电子的计算
2016 III 卷	客观题	二次电池工作原理，离子移动方向，溶液酸碱性变化，电极方程式，转移电子的计算

由上可见，近几年考题呈现的形式主要是客观题，主观题一般与化工流程相结合。考查内容以基本原理为基础，注重考查学生分析能力、逻辑推理能力、综合思维能力；注重考查电极反应式的书写和判定；多次以生活中的二次电源为考题，注重考查化学原理与生活实际相联系。

4. 教材内容分析

本节课选自人教版第四章《电化学基础》。电解原理和原电池原理都是电化学的重要基础理论。电解池研究的是如何借助电能使不能自发进行的氧化还原反应能够发生，使电能转化为化学能。本部分内容可分为两课时，第1课时是电解的原理，第2课时是电解原理的应用。本节课是第1课时着重"电能如何转换为化学能"、电解池的基本原理，并与氧化还原反应的原理结合分析各离子的放电顺序。本节课是学生学习原电池知识后的自然延伸，它有助于学生系统学习电化学知识，为后续学习电化学知识在生产、生活和科研中的重要作用打好理论基础。

现行三种版本教材对比分析：

比较项目	人教版	鲁科版	苏教版
章标	第四章电化学基础	第1章化学反应与能量转化	专题1化学反应与能量变化
节标	第三节电解池	第2节电能转化为化学能——电解	第二单元化学能与电能的转化
教学内容及其组织	第一课时——电解原理：$CuCl_2$溶液的电解。第二课时——电解原理的应用：（1）电解饱和食盐水制烧碱、氯气和氢气。（2）电镀：电镀和铜的精炼。（3）电冶金：电解熔融氯化钠	第一课时——电解原理：电解熔融氯化钠。第二课时——电解原理的应用：（1）电解饱和食盐水制烧碱、氯气和氢气。（2）铜的电解精炼。（3）电镀	第1课时——电解原理：电解熔融氯化钠。第2课时——电解原理的应用：（1）电解氯化铜溶液。（2）电解饱和食盐水。（3）电镀

续 表

比较项目	人教版	鲁科版	苏教版
教学内容的呈现	第1课时：CuCl₂溶液的电解实验（装置示意图、离子移动示意图）→离子移动及反应（文字、符号）→放电、电解、电解池、阴阳极的概念（文字）。 第2课时：电解饱和食盐水（文字、符号）→放电顺序（文字）→电镀、精炼铜（文字）→电解熔融氯化钠（工业装置示意图、文字）	第1课时：电解熔融氯化钠（装置示意图）→离子移动及反应（文字、符号）→电解、电解池的概念（文字）→电极反应的概念（文字）→阴阳极的概念（文字）。 第2课时：电解饱和食盐水（装置图）→放电顺序（资料在线）→离子交换膜（化学与技术）→铜的电解精炼（装置示意图）→电镀（文字）	第1课时：电解熔融氯化钠（原理图、离子移动示意图）→离子移动及反应（文字、符号）→电解、电解池的概念（文字）→电极反应的概念（文字）→阴阳极的概念（文字）。 第2课时：电解氯化铜溶液（装置示意图）→放电顺序（资料在线）→电冶金、精炼铜（文字）→电解饱和食盐水（离子交换膜电解槽示意图）→电镀（装置示意图）

二、学生知识

1. 学生的认知基础

在必修中，学生已掌握氧化还原反应、离子反应的基本原理，初步建立了微粒观。在选修4《化学反应原理》第四章第1、2节中，学生已经具有借助氧化还原理论、金属活动顺序和物理学中的电学知识判断电池正、负极和书写原电池电极反应的能力。

2. 学生的学习障碍点

（1）疑点：水溶液中氢离子、氢氧根离子是否移动，是否参与反应。

（2）难点：离子的移动、电子的传递不易直观感知，易造成认知障碍。如何判断离子放电顺序。

3. 学生的知识增长点

能从宏观现象到微观角度剖析复杂电解体系，能建立原理（电极反应物——氧化还原反应）与装置（电极材料、离子导体、电子导体）的对应关系（微观—系统）；能建立氧化还原反应物质变化、能量变化、电化学装置三者之间的关系；能从电极反应物角度根据装置分析电极反应，能从电子转移角度分析解释简单电化学过程的实验现象。[2]

三、教学与评价目标

1. 教学目标

（1）通过宏观（实验现象）—微观（电子、离子间的相互作用与运动方向）—符号（电解方程式）三重表征形成电解池的工作原理。知道电解质溶液的导电过程，就是电解质的电解过程，提升"宏观辨识与微观探析"的化学学科核心素养。

（2）通过观察，知道电解池装置的基本构造，能够从电极名称、电极反应、能量转变形式、反应驱动力等方面进一步认识电解池的工作原理。初步构建分析电解池的思维模型。

（3）能够根据电解质溶液的组成和电极特点，运用氧化还原知识判断电解产物，并形成分析判断电极产物的一般思路：电极材料及电极的极性—溶液中存在的微粒—微粒的运动方向—分析得失电子的能力—化合价变化—产物存在形式，完善分析电解池思维模型。提升"证据推理与模型认识"的化学学科核心素养。

2. 评价目标

（1）能通过观察实验现象，感性认识电解时电极表面的变化；能利用画图和微粒模型、动画演示等方式分析电解池工作时微粒的移动和变化过程，从微观角度认识电解池的工作原理；能书写电解方程式（符号表征），进一步认识电解池原理。

（2）能通过观察电解池装置，认识电解、电解池、阴阳极等几个概念，初步构建分析电解池的思维模型。

（3）通过对电解产物的分析，联想金属活动顺序表中金属阳离子的氧化性顺序，认识离子放电顺序的规律，完善分析电解池思维模型。

四、教学重难点

理解电解的工作原理，认识离子的放电顺序。

五、教学流程

环节一：三重表征认识电解池工作原理，初步了解放电顺序

学生活动设计意图（1）如图1所示。

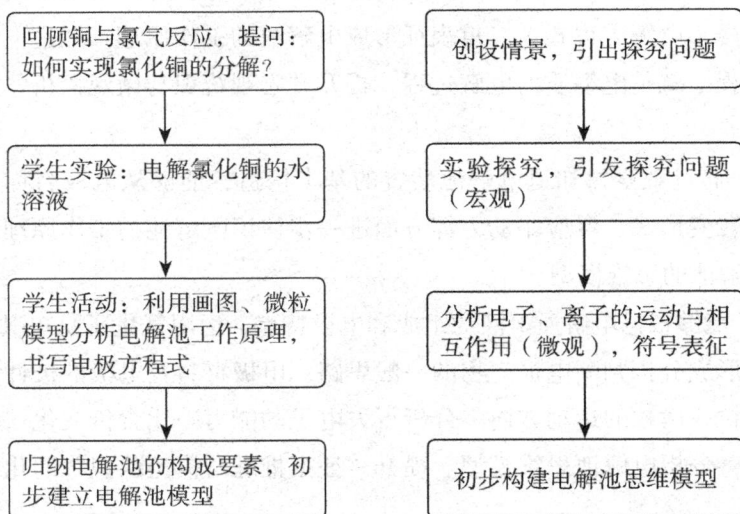

回顾铜与氯气反应，提问：如何实现氯化铜的分解？	创设情景，引出探究问题
学生实验：电解氯化铜的水溶液	实验探究，引发探究问题（宏观）
学生活动：利用画图、微粒模型分析电解池工作原理，书写电极方程式	分析电子、离子的运动与相互作用（微观），符号表征
归纳电解池的构成要素，初步建立电解池模型	初步构建电解池思维模型

图1　学生活动设计意图（1）

环节二：了解放电顺序，形成完整的思维顺序

学生活动设计意图（2）如图2所示。

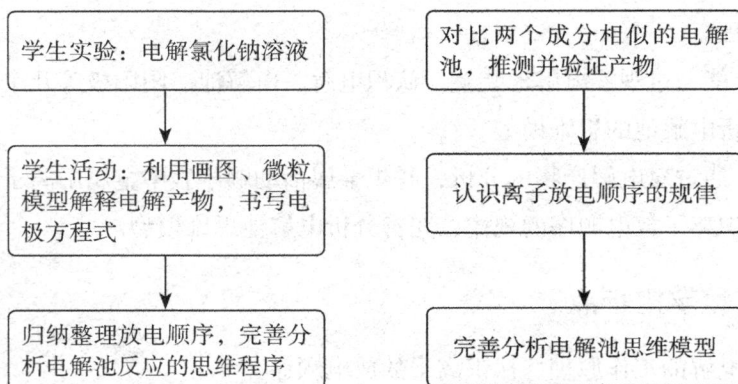

学生实验：电解氯化钠溶液	对比两个成分相似的电解池，推测并验证产物
学生活动：利用画图、微粒模型解释电解产物，书写电极方程式	认识离子放电顺序的规律
归纳整理放电顺序，完善分析电解池反应的思维程序	完善分析电解池思维模型

图2　学生活动设计意图（2）

六、教学过程

环节一：三重表征认识电解池工作原理，初步了解放电顺序

引入：回顾铜与氯气的反应，这是自发的氧化还原反应，氯化铜能自发地反应生成铜和氯气吗？

教师：如何实现氯化铜的分解？

学生：电解，外界提供电能。

设计意图：创设情境，引入课堂。引出不能自发进行的氧化还原反应借助电能能够发生。

教师：现在我们就来研究一下对氯化铜的水溶液通电会有什么情况发生。先预测会有什么产物？如何检验？

学生：铜单质和氯气，显红色的物质是铜，氯气可以通过刺激性气味和湿润的淀粉碘化钾试纸鉴别。

教师提醒：①两电极分开放在培养皿直径的两端；②用镊子取用淀粉碘化钾试纸；③仔细观察实验现象，填写学案表格前两列；④实验时间3分钟。

学生分组实验（见图3、图4），实验后填写实验记录表并汇报。

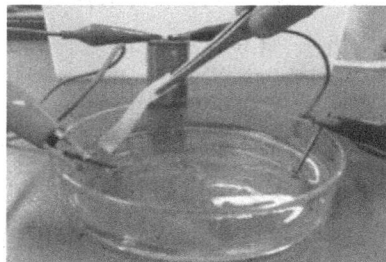

图3　电极材料　　　　　　　　图4　电解氯化铜溶液

电解氯化铜实验记录表：

装置图	电池电极	实验现象	产物	对应电解池电极	电极反应
	正极				
	负极				

实验现象：有气体产生，气体有刺激性气味并能使湿润的碘化钾淀粉试纸变蓝；有红色的固体；产物：氯气，铜。

教师：与电源正极相连的一极叫阳极，与电源负极相连的一极叫阴极。

设疑：铜和氯气两种产物是如何产生的？

思考讨论（在学案上画图分析）：

思考1：氯化铜溶液中含有哪些微粒？

思考2：在通电时这些离子、电子如何运动？

思考3：在通电时在阳极和阴极各会发生什么样的电极反应？如何书写电极方程式？

汇报分析：教师在黑板上提供可自由组装的电解池模型图[3]，学生到黑板上边操作模型图边回答上面的3个问题，并用模型图模拟电解池工作时的微粒移动和变化过程，最终得出电极方程式。

学生展示讲解：溶液中的离子，阳离子有Cu^{2+}、少量H^+，阴离子有Cl^-、少量OH^-。在接通直流电源时，根据同性相斥、异性相吸原理，Cu^{2+}、H^+向阴极区移动，Cl^-、OH^-向阳极区移动。Cu^{2+}向阴极移动得到电子生成Cu单质，Cl^-向阳极移动失去电子生成Cl_2。

如何用化学符号来表示各电极发生的反应？

阴极——$Cu^{2+}+2e^-=Cu$

阳极——$2Cl^--2e^-=Cl_2\uparrow$

教师：播放动画，展示电解的动态过程。

由以上实验可以得知，氯化铜生成铜和氯气是非自发的反应，外加电源之后能实现，这是把电能转化为化学能的过程，这样的装置就是电解池装置。观察电解池的构成要素有哪些。

小结：电解池相关概念。电解池简易模型如图5所示。

（1）电解池：将电能转化成化学能的装置。

（2）电解池的构成要素：①电源；②两个电极；③电解质；④形成闭合回路。

（3）电极名称及判断。

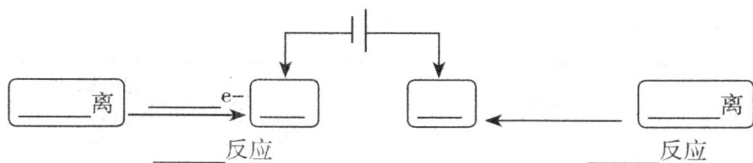

图5　电解池简易模型

设计意图：该实验设计为微型实验[4]，操作简便，可减少氯气产生量、试剂的用量，达到节约、环保的目的，同时培养学生的环保意识。这个实验是教学的重点，引导学生通过观察实验现象，感性认识电解时电极表面的变化；利用画图和微粒模型、动画演示分析电解池工作时微粒的移动和变化过程，从微观角度认识电解池的工作原理；符号表征和几个概念的小结，强化学生对电解池原理的认识，理解电能如何转换为化学能。

环节二：了解放电顺序，形成完整的思维顺序

反思探析：通电时Cl^-、OH^-都向阳极移动，Cu^{2+}、H^+都向阴极移动，而H^+、OH^-没有反应，说明同一个电极区，离子存在竞争关系，得电子或失电子有先后顺序，即放电顺序。

教师：现在我们换另一种溶液——氯化钠溶液进行电解实验，观察得到什么产物，从而了解这个溶液的放电顺序。

提醒：①使铅笔芯与溶液的接触面积最大化；②仔细观察现象，填写学案前两列；③实验时间3分钟。

学生实验：电解食盐水（见图6）。

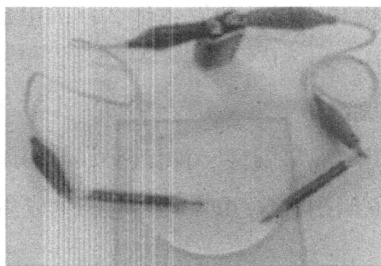

图6　电解食盐水电极材料

电解食盐水实验记录表：

	电池电极	实验现象	产物	对应电解池电极	电极反应
装置图	正极				
	负极				

学生实验后汇报。

实验现象：有气体产生，气体有刺激性气味并能使湿润的碘化钾淀粉试纸变蓝；有气泡产生，酚酞变红；产物：氯气、氢气。

根据实验结果思考讨论：［在学案上画图分析（见图7）］

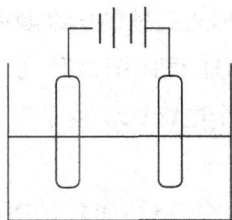

图7　电解食盐水

思考1：氯化钠溶液中含有哪些微粒？

思考2：在通电时这些离子、电子如何运动？

思考3：阳离子的放电顺序，阴离子的放电顺序。

思考4：通电时在阳极和阴极各会发生什么样的电极反应？如何书写电极方程式？

教师：如何解释酚酞变红？

解析： 酚酞变红说明溶液呈碱性，即溶液中$c（OH^-）>c（H^+）$，这是由于氢离子被消耗造成的，说明阴极区氢离子得电子生成氢气，可以得出，氢离子的放电顺序先于钠离子。

教师：根据两个电解池实验，分析离子的放电顺序由什么决定。

分析：

阴极：阳离子得电子，具有氧化性，氧化性越强越先放电。

阳极：阴离子失电子，具有还原性，还原性越强越先放电。

归纳整理：

常见离子的放电顺序：

（1）阳离子放电（得电子）顺序：氧化性。

$Ag^+>Hg^{2+}>Fe^{3+}>Cu^{2+}>H^+$（酸）$>Pb^{2+}>Sn^{2+}>Fe^{2+}>Zn^{2+}>H^+$（水）

（铝以前的金属不可能在水溶液中被还原）

（2）阴离子放电（失电子）顺序（惰性电极）：还原性。

$S^{2-}>I^->Br^->Cl^->OH^-$（水）$>$含氧酸根（$NO_3^-$、$SO_4^{2-}$等）

设计意图：该实验设计用铅笔芯做电极[5]，激发学生学习兴趣，提高学生的人文素养；引导学生学以致用。通过对比两个类似组分的产物的不同，进一步认识离子放电顺序的规律。培养学生思维能力，看他们能否联想到金属活动顺序表中金属阳离子的氧化性顺序，产生认知冲突。

课堂小结：

（1）电解池相关概念。

①电解池：将电能转化成化学能的装置。

②电极名称及判断：

阴极—连接电源负极—阳离子—得电子—还原反应。

阳极—连接电源正极—阴离子—失电子—氧化反应。

（2）放电顺序。

（3）分析电解池反应的思维程序：①溶液中存在哪些离子；②通电时离子如何移动；③离子放电顺序；④产物、电极方程式。

设计意图：提升理论水平，形成分析电解问题的思维程序。

课后拓展：回顾初三电解水实验，分析电解的水是否为纯水，如果不是可以加什么物质以加快反应。

解析：可加较难放电的离子，增强导电力，加快实验，如可加入硫酸、氢氧化钠或硫酸钠等。

设计意图：拓展迁移，学以致用。

板书设计：电解池。

1. 电解池工作原理（见图8）

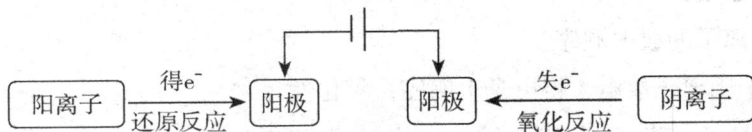

图8　电解池简易模型

2. 放电顺序

（1）阴极：阳离子——氧化性强优先。

（2）阳极：阴离子——还原性强优先。

3. 分析电解池反应的思维顺序

（1）溶液中存在哪些离子？

（2）通电时离子如何移动？

（3）离子放电顺序是什么？

（4）产物、电极方程式是什么？

七、教后反思

1. 渗透学科核心素养

本节课是第1课时，教学重点是理解电解池的工作原理，认识离子的放电顺序。本节课内容以水溶液的电解实验为研究对象，通过宏观实验现象，结合电学知识、氧化还原理论，探析电解池中微观粒子的运动状态和相互作用，并以电极方程式表征电解池两极的反应原理。本节课设计两个学生分组实验——电解氯化铜溶液和电解氯化钠溶液，以简便易操作的"微型实验"的形式，让学生更加直观地观察实验，充分渗透"宏观辨识"的化学学科核心素养。"微观粒子的运动状态和相互作用"是学生理解的难点，因此本课设计"微粒模型""动画演示"等活动，有助于学生对电解池中微观粒子的移动方向有生动的认识，并能让学生较为熟练地分析氧化反应发生在阳极、还原反应发生在阴极，引导学生培养"微观探析"的意识，突破思维障碍。

2. 落实"教、学、评"一体化

教：电解池工作原理的本质是氧化还原反应，借助氧化还原反应理论，将问题细化，设计具有层次性、递进性、相互关联的问题组，引导学生去思考。

层层递进，有效引导学生通过现象分析推理，认识电解池的构成要素，推测物质运动的规律，揭示电解池工作的本质和规律。

学：本节课设计了"分组实验""思考讨论""汇报分析""展示讲解"等学生活动环节，从而形成对知识的自我认识，构建自己的知识体系，形成解答电解池问题的认知模型。

评：通过学生汇报观察到的实验现象，微粒模型演示分析电解池工作时微粒的移动和变化过程，诊断学生能否从宏观现象到微观剖析电解池的工作原理。通过观察电解池装置，归纳电解、电解池、阴阳极等几个概念，诊断并发展学生构建电解池的思维模型。通过对电解产物的分析，诊断学生能否联想金属活动顺序表中金属阳离子的氧化性顺序，认识离子放电顺序的规律，完善分析电解池思维模型。

本节课精心设计课堂活动和课堂提问，引导学生通过实验探究学习化学，通过微观探析认识事物本质与规律。通过提问、点评和练习等策略，诊断学生对概念的认识水平、学科核心素养的达成情况。"教、学、评"活动有机结合，同步实施，形成合力，有效促进学生化学学科核心素养全面发展。

参考文献：

[1] 中华人民共和国教育部.普通高中化学课程标准（2017版）[M]北京：人民教育出版社，2017.

[2] 王磊.基于学生核心素养的化学学科能力研究 [M].北京：北京师范大学出版集团，2017.

[3] 林珊.电解池公开课课例 [R].广州：广州市第三中学，2014.

[4] 姚远远，陈凯.基于生活情境和微粒观实验表征的"电解池"教学 [J].化学教学，2013（2）.

[5] 姚明站.微型实验探究《电解池的工作原理》教学设计 [J].化学教学，2007（6）.

专家点评

  本节课的教学设计通过电解氯化铜溶液的微型实验探究，分析电解本质，初步建立分析电解池的思维模型，提升了"宏观辨识和微观探析""认知模型和证据推理"两个方面的化学学科核心素养；通过电解氯化钠溶液与电解氯化铜溶液两个微型实验的类比分析，推理得出电解中的放电顺序，完善了分析电解池的思维模型。整节课设计完整，环节紧扣实验现象和本质分析，既做到了"教、学、评"一体化的深度融合，又利用微型实验的设计培养了学生的环保意识，值得一线教师实践、思考和推广。

第二节 "化学反应的方向、限度和速率" 主题教学设计

案例 化学平衡

广州市第五中学 孙艳平

一、课程知识

1. 课标分析

《化学平衡》是在学习了化学反应与能量、物质结构、元素周期律等知识的基础上学习的中学化学重要理论之一，有助于对以前所学的元素化合物知识及化学反应加深理解，也为后续学习电离平衡、水解平衡、沉淀溶解平衡等知识打下理论基础，因此起到了承上启下的作用。必修2中的"化学反应限度"仅仅让学生认识任何可逆反应在给定条件下的进程都有一定的限度以及一定条件下可逆反应中的化学平衡状态。选修4在此基础上，拓展到化学平衡状态的建立以及外界影响因素的探讨，从定性判断发展为定量的研究。

《化学平衡》从内容上看主要分为两大部分，其中第一部分是化学平衡的建立以及化学平衡的移动，第二部分是化学平衡常数及其计算。而第一部分内容从教学设计角度来说，可以分为概念建立教学和实验探究教学（1课时）。

（1）课标要求。[1]知道化学反应是有方向的，通过实验探究，了解浓度、压强、温度对化学平衡状态的影响。

（2）学业要求。[1]

① 能运用浓度、压强、温度对化学平衡的影响规律推测平衡移动的方向及浓度、转化率等相关物理量的变化，能讨论化学反应条件的选择和优化；

② 能运用温度、浓度、压强和催化剂对化学反应速率的影响规律解释生产、生活、实验室中的实际问题，能讨论化学反应条件的选择和优化。

2. 考纲要求 [2]

2019年考纲要求：①了解化学反应的可逆性及化学平衡的建立；②掌握化学平衡的特征，了解化学平衡常数（K）的含义，能利用化学平衡常数进行相关计算；③理解外界条件（浓度、温度、压强、催化剂等）对反应速率和化学平衡的影响，能用相关理论解释其一般规律；④了解化学反应速率和化学平衡的调整在生活、生产和科学研究领域中的重要作用。

3. 考情呈现（全国卷）

年份/卷型	题型	考点
2016 I 卷	客观题	平衡转化率和平衡常数
2016 II 卷	客观题	产率的影响因素
2016 III 卷	客观题	平衡常数的影响因素及平衡常数的表达式
2017 I 卷	客观题	产率的影响因素
2017 II 卷	客观题	平衡常数表达式、转化率的计算和转化率的影响因素
2017 III 卷	客观题	平衡状态的特征
2018 I 卷	客观题	转化率的影响条件、平衡常数的计算、平衡常数和速率的关系
2018 II 卷	客观题	分压表示平衡常数和平衡气压的计算
2018 III 卷	客观题	平衡常数的计算、转化率的计算、转化率的影响因素

由上可见，近几年的考题呈现形式主要是客观题，涉及的知识点也多是平衡常数的表达式和平衡常数的计算、转化率的影响因素和转化率的计算。其中平衡状态的标志和平衡时刻各个物质的浓度及压强的计算也有涉及。笔者认为了解化学反应的速率和化学平衡的调整在生活、生产和科学研究领域中的重要作用是今后高考命题的重难点。

4. 教材内容分析

比较项目	人教版	鲁科版	苏教版
教材呈现形式	第二章化学反应速率 第三节化学平衡	第2章化学反应的方向、限度与速率 第2节化学反应限度	专题2化学反应速率与化学平衡 第二单元化学反应的方向和限度
呈现顺序	可逆反应—化学平衡状态—化学平衡常数	化学平衡常数—平衡转化率—反应条件对化学平衡的影响	化学反应的方向—化学平衡状态—化学平衡常数

续 表

比较项目	人教版	鲁科版	苏教版
教学内容的差异性	建立平衡,再定性判断平衡,最后定量分析平衡	定量建立平衡,再定量分析平衡的限度,定量分析反应对平衡的影响	了解化学反应进行的方向,再建立平衡,定量分析平衡
正文内容教材中的实验	实验2-5:重铬酸钾溶液平衡体系。 实验2-6:氯化铁和硫氰化钾反应平衡体系。 实验2-7:二氧化氮平衡体系	活动与探究:温度对化学平衡的影响。 活动与探究:浓度对化学平衡的影响	观察与思考:氯化铵晶体和氢氧化钡晶体反应

由此可见,人教版倾向从晶体的溶解、结晶的实验事实建立平衡,然后定性分析平衡移动的方向,最后定量分析平衡常数的特征。

鲁科版则定量了解化学平衡特征,了解平衡常数,通过计算平衡转化率来明确化学平衡限度,再从观察实验角度分析平衡移动的方向,最后使用平衡常数这个物理量总结。

苏教版则利用浓度-时间曲线来建立平衡,定量分析平衡特征和平衡限度。平衡移动方向的处理类似人教版。

二、学生知识

1. 学生的认知基础

必修学习中已经了解可逆反应和化学平衡,能够建立平衡思想。

2. 学生的学习障碍点

（1）疑点:反应条件化学平衡移动的本质原因。

（2）难点:多条件改变时分析平衡移动的方向和计算转化率。

3. 学生的知识增长点

学会从定量角度分析化学平衡的特征和判断平衡移动的方向。

三、教学与评价目标

1. 教学目标

（1）通过回顾可逆反应，平衡状态特征，引入平衡移动的概念，建构化学平衡移动的认知模型。

（2）通过实验探究的方式研究浓度、温度对化学平衡的影响，发展学生"宏观辨识与微观探析、科学探究与创新意识"的化学学科核心素养，建构平衡思想。

2. 评价目标

（1）在实验探究过程中，通过体验"发现问题，解决问题，找出规律"的过程，提高学生思维能力和口头表达能力，培养学生尊重事实、大胆质疑的科学精神。

（2）通过运用了勒夏特列原理解决生活中的化学问题，让学生体会化学平衡知识在生活、生产中的价值，体会化学理论知识的重要作用。

四、教学重难点

教学重点：勒夏特列原理。

教学难点：压强对化学平衡的影响。

五、教学过程[3]

教学环节	教师活动	设计意图	学科核心素养
环节一：建构平衡	视频展示：对比称量缺角的胆矾晶体的质量和完整的胆矾晶体质量	产生认知冲突	建立模型认知的化学学科核心素养
环节二：揭示化学平衡的本质	观察NO_2球，复习化学平衡的特征，强调平衡的本质	利用学生感兴趣的NO_2球引入，激发学生兴趣，使学生回忆平衡知识，明确思维方向，建构分析化学平衡移动的认知模型	建构模型认知的化学学科核心素养

续　表

教学环节	教师活动	设计意图	学科核心素养
环节三：条件对化学平衡的影响	实验探究浓度、温度对平衡的影响。 实验2-5：重铬酸钾溶液平衡体系。 实验2-6：氯化铁和硫氰化钾反应平衡体系。 实验2-7：二氧化氮平衡体系	在问题的驱动下，让学生自己讨论交流，设计实验方案，相互评价。采用"自主、合作、探究"的课堂模式，营造轻松的学习氛围	实验探究、演绎判断、证据推理，培养口头表达能力和激发求知欲
环节四：系统归纳，引出经验性的规律——勒夏特列原理	体会浓度、温度的变化引起平衡移动的方向，理论升华，总结经验式规律	体会平衡移动与外界条件的"对抗"和"反抗"的作用，得出平衡移动的规律	培养总结归纳能力和体会科学规律的内在统一性及高度概括性
环节五：学以致用，使用勒夏特列原理解决实际问题	应用勒夏特列原理分析压强对平衡的影响（视频展示手持技术探究压强对化学平衡的影响）	运用规律使学生提升思维能力	培养学生"宏微结合""证据推理和模型认知"的化学学科核心素养

六、教后反思

本节课是基于发展学生化学学科核心素养的理论型课堂，在教学过程中，应优化课堂组织，采用问题驱动形式，引发学生思考。设置了实验探究环节，激发学生的探究欲望，在调整探究方案时，可以培养学生实验探究、演绎判断、证据推理和口头表达能力。最终实现立德树人的根本目标。

但是本节课对学生的能力要求很高，适合在能力强的学生群体中使用。

本教学设计的亮点有两个：

（1）对比称量缺角的胆矾晶体的质量和完整的胆矾晶体质量，建立模型认知的化学学科核心素养。

（2）实验探究浓度、温度对平衡的影响。学生在讨论交流中体会实验探究、演绎判断、证据推理的过程，同时培养口头表达能力。

参考文献：

［1］房喻，徐端钧.普通高中化学课程标准（2017年版）解读［M］.北京：高等教育出版社，2018.

［2］刘江田，化学核心素养及其在高考试题中的体现［J］.中学化学教学参考，2017（21）：54–59.

［3］赵丽.基于化学核心素养的教学设计探析［J］.中学化学教学参考，2018（6）：24–26.

专家点评

　　教学过程突出了"证据推理，模型认知"的化学学科核心素养的培养。用三个学生活动，层层深入，完成了学生对平衡观和变化观的认知与提升。胆矾晶体的溶解实验强化了学生对平衡建立的理解；二氧化氮球的实验观察和分析，引导学生从宏观证据走向微观探析，形成变化的观念；探究"条件对平衡的影响"的系列实验，在对比、推理、归纳过程中，完成学生对平衡移动原理的理解、归纳和总结，学生自然而然构建出"平衡和移动"的知识模型。再提供实际问题素材，由学生通过讨论、协作来解决，提升学生利用平衡原理解决实际问题的应用能力。

第三节 "水溶液中的离子反应与平衡"主题教学设计

案例 电离平衡常数

北大附中为明广州实验学校 冯晓磊

一、课程知识

1. 课标要求[1]

（1）内容要求：认识弱电解质在水溶液中存在电离平衡，了解电离平衡常数的含义。

（2）学业要求：①能从电离、离子反应、化学平衡的角度分析溶液的性质，如酸碱性、导电性等；②能综合运用离子反应、化学平衡原理，分析和解决生产、生活中有关电解质溶液的实际问题。

2. 考纲要求

理解弱电解质在水中的电离平衡，"能利用电离平衡常数（K_a、K_b、K_h）进行相关计算"和"理解溶度积（K_{sp}）的含义，能进行相关的计算"。

3. 考情呈现（全国卷）

年份/卷型	题型	考点
2017 I 卷	主观题	多元弱酸电离问题的综合考查
2017 II 卷	主观题	多元弱酸电离、盐的水解问题的综合考查
2017 III 卷	主观题	难溶电解质的溶解平衡及沉淀转化的本质的综合考查

2017年开始，全国高考大纲明确提出："能利用电离平衡常数（K_a、K_b、K_h）进行相关计算"和"理解溶度积（K_{sp}）的含义，能进行相关的计算"。可见，电解质溶液中涉及的平衡常数的相关应用要求越来越高。笔者发现，

从考试来看，全国卷的数形结合题中，离子浓度大小比较以及离子c（A^-）、c（B^-）比值的变化规律是考试的难点[2]。要想解决这类问题，则应该找出离子浓度的大小与相应的平衡常数（K_a、K_b、K_h、K_{sp}）之间的关系，再转化成相应常数的计算。

4. 教材内容分析

本节课所学的内容为高中化学人教版选修4《化学反应原理》中第三章水溶液中的离子平衡第一节弱电解质的电离的第3课时"电离平衡常数"。

《水溶液中的离子平衡》是《化学反应原理》中的重要的一章，是重点也是难点，多年以来全国高考试卷几乎年年涉及。而"电离平衡常数"在教材中起到了很好的承上启下作用：承上，既是对第二章化学平衡理论、第三章弱电解质电离理论的深化，又是对化学平衡常数的延伸和扩展；启下，为学生后续学习水的离子积常数Kw、水解平衡常数Kh、沉淀溶解平衡常数Ksp等打下基础。

2017年新修改的考试大纲中要求体现高中化学学科核心素养。"化学学科核心素养"要求培养学生"宏观辨识与微观探析""变化观念与平衡思想"等能力，具体要求"能运用化学符号和定量计算等手段说明物质的组成及其变化"。而"定量化能力"在电离平衡常数的学习中，可以得到很大的培养。

二、学生知识

1. 学生的认识基础

在选修4第二章学生已经学习化学平衡移动理论和化学平衡常数的知识，即知道化学平衡常数K值的意义，会书写K的表达式，知道K值的影响因素；初步具备化学平衡常数的数据分析、定量分析能力[3]。

通过第三章第一节弱电解质的电离的学习，学生知道弱电解质的电离特点，电离平衡是一种特殊的化学平衡。在此基础上学习电离平衡常数，学生更容易理解和接受。

2. 学生的学习障碍点

①对于数据定量分析能力：不能归纳、理解电离常数大小可以衡量弱酸、弱碱的相对强弱；②电离常数的计算问题：不会运用电离度和近似处理思想进行相关运算。

三、教学与评价目标

1. 教学目标

（1）宏观辨识与微观探析：从宏观和微观相结合的视角分析电离常数的意义。

（2）变化观念与平衡思想：从内因与外因方面较全面地分析物质的化学变化，知道电离常数与温度的关系。从不同视角对纷繁复杂的化学变化进行分类研究，逐步揭示多元弱酸电离的特征和规律。

（3）证据推理与模型认知：依据物质及其变化的信息建构模型，建立解决复杂化学问题的思维框架。能运用相关数据进行与电离常数有关的计算。基于证据进行分析推理，能解释证据与结论之间的关系，理解并描述电离常数的意义。

2. 评价目标

（1）通过学生阅读教材齐答表现，诊断并发展学生获取信息、知识关联结构化水平的能力。

（2）通过结合教材完成导学案学习活动表现，诊断并发展学生宏观辨识与微观探析的化学学科核心素养与认识思路结构化水平。

（3）通过学生对化学问题情境中的关键要素分析建构相应模型时的具体表现，诊断学生证据推理模型认知及科学探究的水平，进而发展学生的化学学科核心素养。

（4）通过观察学生自主实验、合作讨论的状态，依据学生实验探究的记录情况，诊断学生宏观辨识与微观探析的化学学科核心素养。

（5）通过学生归纳整理、展示活动的表现，诊断并发展学生归纳、阐述的综合和定量化能力。

四、教学重难点

教学重点：电离常数的计算和意义。

教学难点：电离常数的意义。

五、教学环节与评价流程

教学环节及评价流程如图1所示。

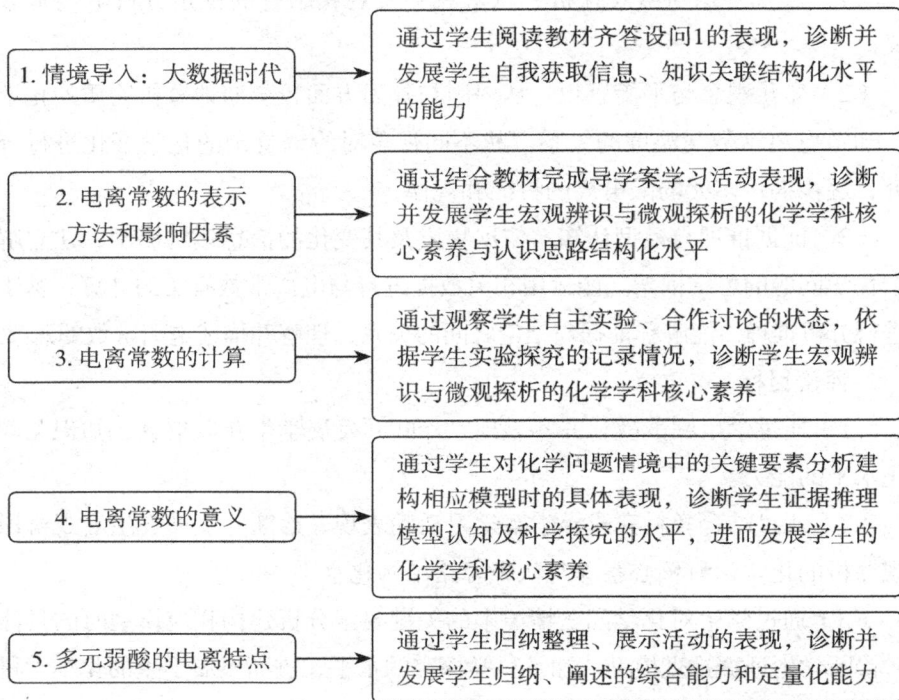

1. 情境导入：大数据时代	→ 通过学生阅读教材齐答设问1的表现，诊断并发展学生自我获取信息、知识关联结构化水平的能力
2. 电离常数的表示方法和影响因素	→ 通过结合教材完成导学案学习活动表现，诊断并发展学生宏观辨识与微观探析的化学学科核心素养与认识思路结构化水平
3. 电离常数的计算	→ 通过观察学生自主实验、合作讨论的状态，依据学生实验探究的记录情况，诊断学生宏观辨识与微观探析的化学学科核心素养
4. 电离常数的意义	→ 通过学生对化学问题情境中的关键要素分析建构相应模型时的具体表现，诊断学生证据推理模型认知及科学探究的水平，进而发展学生的化学学科核心素养
5. 多元弱酸的电离特点	→ 通过学生归纳整理、展示活动的表现，诊断并发展学生归纳、阐述的综合能力和定量化能力

图1　教学环节及评价流程

六、教学过程

教学环节	教学内容与师生活动	设计意图
创设情境，引入新课	图片展示：大数据时代已经到来。分析数据并挖掘隐藏在其中的、人们事先不知道的、潜在的有用的信息和知识。 设问1：我们已学习了一个非常重要的常数——化学平衡常数。水溶液中弱电解质存在电离平衡，这种化学平衡有化学平衡常数吗？请学生阅读教材P42"科学视野"的内容。 学生活动：阅读"科学视野"的内容。 板书：电离平衡常数	联系生活实际，拓宽学生视野，使学生感受数据之美，激发其求知欲望

续 表

教学环节	教学内容与师生活动	设计意图
电离常数的表示方法和影响因素	设问2：能不能类比化学平衡常数得出电离常数的表示方法？分析"科学视野"中的数据，挖掘出电离常数的影响因素。 学生活动：阅读、思考，完成导学案。 活动1：电离常数表示方法及影响因素 表示方法： 一元弱酸：电离方程式HA_____，平衡时K_a=_____ 一元弱碱：电离方程式BOH_____，平衡时K_b=_____ 影响因素：内因：_____ 外因：_____ 教师活动：巡查，根据学生完成情况，及时发现问题。 学生活动：板书展示自学成果。 教师点拨： （1）K表达式中的浓度：平衡时的浓度。 （2）分析"科学视野"中的数据，挖掘出不同酸，K值相差很大，结构决定性质，K主要受物质本身的性质影响。 板书： 电离常数的外因：T增大，K值增大，与浓度无关	培养学生分析数据的能力，通过与旧知识的对比，培养学生知识迁移能力，使学生掌握类似知识的学习方法
电离常数的计算	设问3：如何利用数据计算出电离常数呢？ 学生活动：思考完成导学案。 活动2：电离常数的计算 $0.1mol \cdot L^{-1}$的一元弱碱BOH，其电离度为1%，求其电离常数？ 电离度：表示电离程度的大小。 电离度=（已电离的弱电解质浓度）/（弱电解质分子的初始浓度）×100% 教师活动：巡查，根据学生完成情况，发现问题适当讲解指导。 学生活动：板书计算过程、结果。 教师活动：根据学生书写步骤，分析思路。 教师点拨：做题注意 （1）电离度=$c_{已电离}/c_{始}×100$（转化率）。 （2）列三段式（利于分析准确数据）。 （3）近似处理思想：$c(HX)_{始}-c(H^+)\approx c(HX)_{始}$ $c(BOH)_{始}-c(OH^-)\approx c(BOH)_{始}$ 板书：电离度=$c_{已电离}/c_{始}×100$（转化率） 电离常数计算：列三段式，做近似处理	（1）培养学生数据处理能力。 （2）理解电离度。 （3）掌握弱酸、弱碱电离弱的特征。 （4）近似处理思想

143

续 表

教学环节	教学内容与师生活动	设计意图
电离常数的意义	设问4：电离常数值与弱酸、弱碱的酸碱性有什么关系呢？ 学生活动：小组合作、完成实验3-2并记录实验现象。 学生活动：完成导学案。 活动3：电离常数的意义 实验3-2：已知醋酸、碳酸和硼酸25℃时的电离常数分别是1.75×10^{-5}、4.4×10^{-7}（第一步电离）和5.8×10^{-10}，完成实验表格	（1）锻炼学生数据分析、推理、归纳、演绎能力。 （2）感悟数据可以得出结论，体验化学学习方法。 （3）自主学习与合作学习相结合，培养学生探究问题和解决问题的能力

操作	0.1mol/L的醋酸溶液中滴加等浓度的碳酸钠溶液	饱和的硼酸溶液中滴入等浓度的碳酸钠溶液
现象		
原理（用化学用语表示）		
结论	相同条件下，	

教师活动：根据学生完成情况，让学生相互讨论、互助探究。

学生活动：小组展示、相互质疑、补充。

教师点拨：

强酸制取弱酸，得出酸性：醋酸>碳酸>硼酸。

根据醋酸、碳酸、硼酸的电离常数值1.75×10^{-5}>4.4×10^{-7}（第一步电离）>5.8×10^{-10}，得出相同条件下，电离常数值越大、弱酸酸性越强。

教师板书：相同条件下，电离常数值越大，弱酸/弱碱的酸/碱性越强

教学环节	教学内容与师生活动	设计意图
多元弱酸的电离特点	设问5：能不能利用电离常数的意义解决实际问题呢？ 学生活动：阅读教材，分析表格数据，归纳弱酸的电离特征，完成导学案。 活动4：多元弱酸的电离特点 （1）写出H_2CO_3、$Al(OH)_3$的电离方程式和电离常数表达式。 _____ _____ _____ _____ _____ _____ _____ （2）归纳总结弱电解质电离特点：_____ _____ _____ _____ 教师活动：巡查，根据学生完成情况，发现问题适当讲解指导。 学生活动：展示自我小结结论，学生相互补充。 教师点拨： （1）多元弱碱电离复杂，书写电离方程式不便，统一规定一步书写到位$Al(OH)_3 \rightleftharpoons Al^{3+}+3OH^-$。 （2）PPT投影多元弱酸电离特征：①不能完全电离，存在电离平衡；②分步电离，每步电离出一个H^+，并且都有相对应的电离平衡及电离常数；③电离常数都是$K_1 \geqslant K_2 \geqslant K_3$，计算多元弱酸$c(H^+)$及比较酸性强弱，只考虑第一步。 设问6：实验证明，多元弱酸的分步电离一步比一步困难。如何解释该事实？ 学生活动：思考。 教师点拨：从电离平衡的移动、粒子所带电荷的角度分析。 学生回答：第一步电离出的H^+抑制了第二步电离。 教师补充：电离产生酸根阴离子带负电荷，有吸引H^+的能力	（1）运用电离常数的意义解决实际问题。 （2）培养学生独立探索分析的能力
课堂小结	见板书设计内容	

教学环节	教学内容与师生活动	设计意图
当堂检测	（1）若把H_3PO_4、$H_2PO_4^-$、HPO_4^{2-}都看成酸，其中酸性最强的是_____，酸性最弱的是_____。 （2）相同温度下三种酸的电离常数，判断正确的是（　　）。 A. 三种酸的强弱关系HX>HY>HZ B. 反应$HZ+Y^-=HY+Z^-$能够发生 C. 相同温度下，$1mol \cdot L^{-1}$HX的电离常数大于$0.1mol \cdot L^{-1}$HX的电离常数 D. 相同温度下，$0.1mol \cdot L^{-1}$的HX、HY、HZ溶液，HZ溶液的pH最大	
扩展延伸	水是一种极弱的电解质，它的电离常数有什么价值呢？	
板书设计	电离常数 表示方法：浓度：平衡时的浓度 影响因素：外因：T增大，K值增大，与浓度无关。 计算：1.电离度=$c_{已电离}/c_{始} \times 100$（转化率） 2.列三段式（利于分析准确数据）数 3.近似处理思想：$c(HX)_{始}-c(H^+) \approx c(HX)_{始}$　$c(BOH)_{始}-c(OH^-) \approx c(BOH)_{始}$ 意义：相同条件下，K值越大，电离程度越大，弱酸（碱）的酸（碱）性越强。 多元弱酸电离特点：$K_1 \geqslant K_2 \geqslant K_3$	思维导图简洁、清晰，突出重点

表格中「当堂检测」内的电离常数表：

酸	HX	HY	HZ
电离常数K	9×10^{-7}	9×10^{-6}	1×10^{-2}

七、教后反思

教学设计紧紧围绕发展学生化学学科核心素养这一主旨，注重教学目标与评价目标、学习任务与评价任务、教学方式与评价方式的整体性、一致性设计："围绕目标通过评价的驱动使教学活动不断增值"，力图避免化学知识的碎片化和孤立化，试图通过知识与情境的整合和对知识的结构化来呈现学科观念对化学知识的统摄作用，避免"只见树木、不见森林"的碎片化学习或"学而不思、思而不行"的被动式学习。

参考文献：

［1］中华人民共和国教育部.普通高中化学课程标准（2017年版）［M］.
北京：人民教育出版社，2018.

［2］麦达勤，郭虹勤.巧用平衡常数解决离子浓度的变化规律［J］.课程教
育研究，2018（31）.

［3］教育部基础教育课程教材专家工作委员会.普通高中化学课程标准
（2017年版）解读［M］.北京：高等教育出版社，2018.

专家点评

　　关于《电离常数》的教学设计，本节课是层层深入建立"模型认知"的过程。在每一个教学环节中，教师都列出了活动实施的相关评价清单，有效地落实了思维的生成过程和能力提升。以情境类比来完成概念"内核"的学习，用平衡和变化的学科思想来帮助学生理解"平衡常数的外延"，用总结、反馈、测试、评价和计算等以学生为主体的探究活动，激发学生的思维深度，使学生形成定量分析化学问题的角度和思路。

第五章

"物质结构与性质"主题内容教学设计

第一节 "原子结构与元素的性质"主题教学设计

案例 原子结构

广州市天河外国语学校 梁伟柱

一、课程知识

1. 课标要求

（1）原子核外电子的运动状态

了解有关原子核外电子运动模型的历史发展过程，认识原子核外电子的运动特点。知道电子运动的能量状态具有量子化的特征（能量不连续），电子可以处于不同的能级，在一定条件下会发生激发与跃迁。知道电子的运动状态（空间分布及能量）可通过原子轨道和电子云模型来描述。

（2）原子核外电子排布规律

知道原子核外电子的能级高低顺序，了解原子核外电子排布的构造原理，认识基态原子中原子核外电子的排布遵循能量最低原理、泡利不相容原理和洪特规则等。知道1~36号元素基态原子核外电子的排布。

（3）原子核外电子排布与元素周期律（表）

认识元素的原子半径、第一电离能、电负性等元素性质的周期性变化，知道原子核外电子排布呈现周期性变化是导致元素性质周期性变化的原因。知道元素周期表中分区、周期和族的元素原子核外电子排布特征，了解元素周期律（表）的应用价值。

2. 学业要求

（1）能说明微观粒子的运动状态与宏观物体运动特点的差异。

（2）能结合能量最低原理、泡利不相容原理、洪特规则书写1～36号元素基态原子核外电子排布式和轨道表示式，并说明含义。

（3）能说出元素电离能、电负性的含义，能描述主族元素第一电离能、电负性变化的一般规律，能从电子排布的角度对这个规律进行解释。能说明电负性大小与原子在化合物中吸引电子能力的关系，能利用电负性判断元素的金属性与非金属性的强弱，推测化学键的极性。

（4）能从原子价电子数目和价电子排布的角度解释元素周期表的分区、周期和族的划分。能列举元素周期律（表）的应用。

（5）能说明建构思维模型在人类认识原子结构过程中的重要作用，能论证证据与模型建立及其发展之间的关系。能简要说明原子核外电子运动规律的理论探究对研究元素性质及其变化规律的意义。

（6）新旧课标对比。2017年版的选择性必修课程模块2（物质结构与性质）对应的是2003年实验版中选修3物质结构与性质模块的内容。

总体来看，2017年版的选择性必修模块2的特点是：①新增了发展化学学科核心素养——宏观辨识与微观探析；②删去了2013年实验版中的"在理论分析和实验探究过程中学习辩证唯物主义的方法论，逐步形成科学的价值观"；③内容要求更加细化，更加便于教材的编写，便于服务教学；④新增【学业要求】模块，有力地支持"教、学、评"一体化教学的实施；⑤新增"学生必做实验"模块，增强学生的实验操作能力，培养学生的科学探究与创新意识；⑥特别强调了科学仪器、科学技术在测定物质结构方面的作用；⑦新增了最新的研究成果，如物质的聚集状态对性质的影响[1]。原子结构部分具体对比如下：

2017年版（新课标）	2003年实验版	变化
（1）原子核外电子的运动状态 了解有关核外电子运动模型的历史发展过程，认识核外电子的运动特点。知道电子运动的能量状态具有量子化的特征（能量不连续），电子可以处于不同的能级，在一定条件下会发生激发与跃迁。知道电子的运动状态（空间分布及能量）可通过原子轨道和电子云模型来描述	（1）了解原子核外电子的运动状态。 （2）知道原子核外电子在一定条件下会发生跃迁，了解其简单应用	变化1：新增对核外电子运动模型的历史发展进程的了解。现行教材已有所体现。 变化2：新增知道电子的运动状态（空间分布及能量）可通过原子轨道和电子云模型来描述
（2）核外电子排布规律 知道原子核外电子的能级高低顺序，了解原子核外电子排布的构造原理，认识基态原子中核外电子的排布遵循能量最低原理、泡利不相容原理和洪特规则等。知道1～36号元素基态原子核外电子的排布	了解原子结构的构造原理，知道原子核外电子的能级分布，能用电子排布式表示常见元素（1～36号）原子核外电子的排布	变化1：内容要求更加细化，对教材的编写指导性更强。 变化2：表述更加严谨，基态原子的核外电子排布说法更恰当
（3）核外电子排布与元素周期律（表） 认识元素的原子半径、第一电离能、电负性等元素性质的周期性变化，知道原子核外电子排布呈现周期性变化是导致元素性质周期性变化的原因。知道元素周期表中分区、周期和族的元素原子核外电子排布特征，了解元素周期律（表）的应用价值	能说出元素电离能、电负性的含义，能应用元素的电离能说明元素的某些性质。 认识原子结构与元素周期表的关系，了解元素周期表的应用价值	变化：删除了用元素电离说明元素的某些性质

3. 原子结构部分《考试大纲》要求（2018年考纲与2017年考纲完全相同）

（1）原子结构与元素的性质：①了解原子核外电子的运动状态、能级分布和排布原理。能正确书写1～36号元素原子核外电子、价电子的电子排布式和轨道表示式。②了解电离能的含义，并能用以说明元素的某些性质；③了解电子在原子轨道之间的跃迁及其简单应用；④了解电负性的概念，并能用以说明元素的某些性质[2]。

（2）原子结构部分考情呈现（近三年高考全国卷）。

年份/卷型	题型	考点
2017甲卷	主观题	基态原子的价电子排布图_____N
2017乙卷	主观题	电子占据的最高能层符号、电子云图轮廓形状_____K
2017丙卷	主观题	基态原子的价电子排布式_____Co,未成对电子数比较_____Mn、O
2018甲卷	主观题	基态Fe原子价层电子的排布图（轨道表达式）_____Fe
2018乙卷	主观题	锂原子电子排布图表示的状态中，能量最低和最高的分别是哪一个?_____Li
2018丙卷	主观题	Zn原子核外电子排布式_____Zn
2019甲卷	主观题	Fe成为阳离子时首先失去什么轨道电子，Sm的价层电子排布式为$4f^66s^2$，Sm^{3+}的价层电子排布式_____Fe与Sm^{3+}
2019乙卷	主观题	不同状态的镁中，电离最外层一个电子所需能量最大的是哪个?_____Mg
2019丙卷	主观题	锂元素基态原子核外m层电子的自旋状态_____Li

由上表可见，近三年这些考题呈现的形式主要是：

（1）电子排布式。

（2）价层电子排布式、电子排布图。

（3）电子排布图。

（4）能层、能量和自旋状态等。

在2019年之前的全国卷中，知识点比较单一和套路化，但2018年考纲和新课标对此内容要求有所提升，也充分在2019年的高考题中体现出来。因此，教学中要加强对概念的深化认识。

（5）原子结构部分教材内容分析[3]。

比较项目	人教版	鲁科版	苏教版
内容及顺序	原子模型→大爆炸宇宙论——开天辟地，原子诞生→能层和能级→构造原理与电子排布式→能量最低原理、基态与激发态→光谱电子云与原子轨道→泡利不相容原理和洪特规则	氢原子光谱和玻尔的原子结构模型→基态、激发态→量子力学对原子核外电子运动状态的描述（原子轨道与四个量子数→原子轨道的图形描述和电子云）→基态原子的核外电子排布（能量最低原子→电子排布式→泡利不相容原理→轨道表示式→洪特规则→Cr和Cu核外电子排列的特殊性）	原子结构的演变（在专题1探究物质结构的奥秘中）→人类对原子结构的认识→氢原子光谱与玻尔的原子结构模型→几种原子模型，重点介绍量子力学前的原子模型——玻尔原子模型→核外电子的运动特征（电子层原子轨道及形状和伸展方向电子的自旋）→核外电子的排布遵循的规律（能量最低原理→核外电子排布的轨道能量顺序→泡利不相容原理→洪特规则）→轨道表示式电子排布式→Cr和Cu核外电子排列的特殊性
原子的诞生和认识过程	图片展示几种原子模型→大爆炸宇宙论→开天辟地，原子诞生	重点介绍量子力学前的原子模型——玻尔原子型	原子的认识过程——几种原子模型，重点介绍量子力学前的原子模型——玻尔原子型
电子云	量子力学指出只能确定电子出现在原子核外空间各处的概率，以及小黑点的疏密与概率密度的关系，电子云的轮廓图	在核外电子的运动特征及电子云，电子出现在原子核外空间各处的概率，以及小黑点的疏密与概率密度的关系，电子云的轮廓图	电子云的概念（在资料卡片中），用小点的疏密来描述电子在原子核外空间出现机会的大小所得的图形
原子轨道	出现在"能级"概念之后	在四个量子数之后简单提到原子轨道	在核外电子的运动状态中出现
核外电子的运动状态	没有明确描述核外电子运动状态的四个方面	量子力学对核外电子运动状态的描述——原子轨道与四个量子数，在介绍角量子数之后提出能级的概念	明确描述核外电子运动状态及其内在关系

续 表

比较项目	人教版	鲁科版	苏教版
原子光谱基态、激发态	简单说明发射光谱和吸收光普以及光谱分析，介绍了基态原子和激发态原子	介绍了氢原子光谱→玻尔原子模型→基态原子和激发态原子	玻尔原子模型→氢原子光谱和发射光谱、吸收光谱，而且是在"视野拓展中"出现的
核外电子的排布	构造原理→电子排布式→泡利不相容原理→电子排布图→洪特规则	基态原子的核外电子排布，能量最低原子→电子排布式→泡利不相容原理→轨道表示式→洪特规则→Cr和Cu核外电子排列的特殊性	能量最低原理→核外电子排布的轨道能量顺序→泡利不相容原理→洪特规则→轨道表示式→电子排布式Cr和Cu核外电子排列的特殊性

通过分析比较三种版本教材内容的呈现形式，针对三种版本教材的共同性问题，在实际教学中尤其是单元复习教学中，需要对相关教学内容重新整合，以更利于教学，更方便于教学。具体建议如下：

（1）关于"原子结构"的教学，建议通过建立并分析电子层、能级、原子轨道的相关概念，形成以电子排布式为主要表现形式的构造原理，认识各原子轨道、能级、电子层所能容纳的电子数目及其原因，并进行1～36号元素基态原子电子排布式的练习。

（2）关于"能量最低原理"的教学，强调它是基态原子电子排布所必须遵循的基本规律，建议将泡利不相容原理、洪特规则作为特例，与构造原理一起纳入"能量最低原理"教学内容。

二、学生知识

1. 学生的认知基础

知识技能方面：学生已学习了原子结构及元素周期表的相关知识和元素的核外电子排布、元素的主要化合价、元素的金属性与非金属性变化等知识，为学习本节奠定了一定的知识基础。

学法方面：在《元素周期律》的学习过程中已经初步掌握了理论知识的学习方法——逻辑推理法、抽象思维法、总结归纳法，具有一定的学习方法基础。

2. 学生的学习障碍点

（1）疑点：为什么要学习能层、能级、构造原理和电子排布式？

（2）难点：原子结构示意图与电子排布式的转变。

3. 学生的知识增长点

构造原理的顺序称为填充顺序。发现能级顺序和构造原理的填充顺序是不同的，这种现象称为能级交错。

三、教学与评价目标

1. 教学目标

（1）知道原子核外电子的能层、能级分布。

（2）能用符号表示原子核外电子的不同能级。

（3）了解原子结构的构造原理，能用电子排布式表示常见元素（1～36号）原子核外电子的排布。

2. 评价目标

（1）通过书写$_{33}$As原子的原子结构示意图，学习能层、能级概念，构建原子结构示意图和能层与能级的概念的关系，培养学生模型认知能力。

（2）通过环节四书写$_{19}$K原子的电子排布式的争论，引出构造原理，并通过阅读教材，知道构造原理和能级交错现象，了解能量最低原理、原子的基态与激发态、原子光谱概念，培养探究精神和创新意识。

（3）通过书写1～36号元素基态原子的核外电子排布式，诊断学生对知识的迁移和应用能力，培养科学态度。

四、教学重难点

教学重点：根据构造原理写出1～36号元素原子的电子排布式。

教学难点：

（1）原子结构示意图与电子排布式的转变。

（2）构造原理的初步理解和记忆方法。

五、教学流程

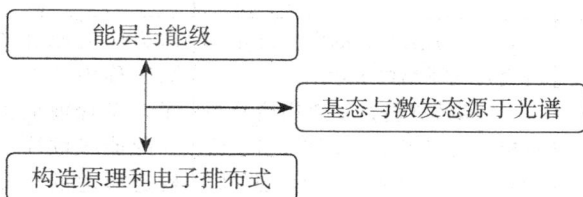

图1 教学流程

六、教学过程

教学环节	教师活动	学生活动	设计意图	学科核心素养
环节一	导入，复习波尔电子分层排布模型	（1）用通俗语言说明波尔电子分层排布模型。 （2）波尔电子分层排布模型的意义和作用	从原子结构示意图引出能层和能级的概念	微观探析，培养科学态度
环节二	能层与能级	（1）书写$_{17}Cl$和$_{20}Ca$原子的原子结构示意图。 （2）书写$_{35}Br$和$_{33}As$原子的原子结构示意图。 （3）把能层画成楼层，把能级画成楼梯。 （4）再次书写$_{33}As$原子的原子结构示意图，同时书写$_{26}Fe$原子的原子结构示意图	学生讨论$_{33}As$原子的原子结构示意图书写，教师讲解能层和能级的概念	构建原子结构示意图和能层与能级的概念的关系。学生大胆书写，培养了科学探究的精神
环节三	电子排布	（1）阅读教材，除了可以用原子结构示意图来表示电子排布，也可以用电子排布式来表示。 （2）书写$_{17}Cl$和$_{35}Br$原子的电子排布式并对比原子结构示意图帮助自己理解	学生初学，借助原子结构示意图来帮助理解电子排布式	构建原子结构示意图和能层与能级的概念的关系，培养模型认知的能力

续表

教学环节	教师活动	学生活动	设计意图	学科核心素养
环节四	构造原理	（1）书写$_{19}$K原子的电子排布式并对比原子结构示意图。 （2）阅读教材，知道构造原理和能级交错现象。了解能量最低原理、原子的基态与激发态、原子光谱概念。 （3）讨论如何有效记忆"构造原理示意图"	知道构造原理的顺序称为填充顺序，发现前面提到的能级顺序和构造原理的填充顺序是不同的，这种现象称为能级交错	研究构造原理，培养探究精神和创新意识
环节五	迁移应用	（1）探讨电子排列时是按什么顺序排列的，写电子排布式时是按什么顺序写的。 （2）书写$_{17}$Cl、$_{20}$Ca、$_{26}$Fe、$_{35}$Br和$_{33}$As的电子排布式	注重细节：电子排列时是按填充顺序即构造原理排列的，写电子排布式时是按能级顺序写的	学会多角度表征原子结构，理解本质
环节六	小结	—	小结提升，进一步理清本节知识点的关系	微观探析，培养科学态度

七、教学反思

（1）本设计在于采用阅读和讨论的方式，通过教师简单的引导，培养学生微观探析和科学探究的化学学科核心素养。

（2）教师应该有意识地扩充自己物质结构与性质的学科知识，能科学、深刻地理解相关概念和原理，这样才能做到讲解时通俗易懂、深入浅出，以避免教师的科学性错误或烦琐讲解对学生造成干扰。物质结构的教学对教师的知识面提出了更高的要求，因此教师应该认识到教学的需要，完善自己的化学教学理论基础和化学史知识体系，同时还应该广泛涉猎其他学科的知识，在诸如原子结构、光谱等内容的教学中让学生体会到化学学科的发展以及与其他学科的紧密联系。

（3）使用合适的教学策略。本节的概念原理抽象程度高，为达到更好的教学效果，教师应注意因材施教，针对不同层次的学生制订相应的教学计划，不贪多、不贪全，关注学生学习兴趣的培养，鼓励学生自主学习，注重传授知识的同时，联系化学史等资料对学生进行世界观、科学思想等人文素养的培养，体现化学学科核心素养，同时注重多种教学方式的综合运用。

（4）积极开发各种学习、交流的通道，多与同行进行交流和共享，深入学习新课程及其理念，充分开发利用教材资源，转变教学观念。

（5）养成积极勤奋的教学习惯和态度，能够正面应对新课程带来的挑战，积极进行教学研究和实践，才是真正转变教学方式的关键。

参考文献：

［1］房喻，徐端钧.普通高中化学课程标准（2017年版）解读［M］.北京：高等教育出版社，2018.

［2］赵凤楼，徐保华.对新课程标准三种版本教材中"原子结构"部分的分析和衔接整合［J］.教育科学研，2014（5）.

专家点评

本节课的教学设计能建立在引导学生反思已有理论模型的基础上，建立新的原子结构模型。借助科学史展示人类对微观结构的认识过程，促进学生对科学本质的理解。学生通过阅读和讨论的"对话式"学习，由易到难逐步结合能量最低原理、泡利不相容原理、洪特规则掌握书写1~36号元素基态原子的核外电子排布式的方法。发展学生的微观探析、证据推理的化学学科核心素养。

第二节 "微粒间的相互作用与物质的性质" 主题教学设计

案例 分子的立体构型

广州市海珠中学 韩凤伟

一、课程知识

1. 课标要求

（1）内容要求：结合实例了解共价分子具有特定的空间结构，并能运用相关理论和模型进行解释和预测。知道分子的结构可以通过红外光谱法、晶体X射线衍射等技术进行测定。[1]

（2）学业要求：能根据给定的信息分析常见简单分子的空间结构，能利用相关理论解释简单的共价分子的空间结构。[1]

2. 考纲要求

（1）了解杂化轨道理论及简单的杂化轨道类型。

（2）能利用价层电子对互斥理论或者杂化轨道理论推测简单分子或离子的空间结构。[2]

3. 考情呈现（全国卷）

年份/卷型	题型	考点
2019 I 卷	35题（2）乙二胺（$H_2NCH_2CH_2NH_2$）是一种有机化合物，分子中氮、碳的杂化类型分别是_____	分子立体构型（杂化轨道）
2019 II 卷	35题（1）元素As与N同族。预测As的氢化物分子的立体结构为_____	分子立体构型
2018 I 卷	35题（4）$ZnCO_3$中，阴离子空间构型为_____，C原子的杂化形式为_____	分子立体构型（杂化轨道）
2018 II 卷	35题（2）根据价层电子对互斥理论，H_2S、SO_2、SO_3的气态分子中，中心原子价层电子对数不同其他分子的是_____	分子立体构型（价层电子对）

从高考题来看，分子的立体构型每年都是考点，这些问题通过利用价电子互斥理论和杂化轨道理论，即配位键的成键方式都可以解决。

4. 教材内容分析

比较项目	人教版	鲁科版	苏教版
教材呈现形式	第二章第二节分子的立体构型	第2章第2节共价键与分子的空间构型	专题4第一单元分子构型与物质性质
栏目编排	（1）形形色色的分子。 （2）价层电子互斥理论。 （3）杂化轨道理论简介。 （4）配合物理论简介	（1）一些典型分子的空间构型（杂化理论）。 （2）分子的空间构型与分子性质。 在"知识支持"栏目介绍了价电子互斥理论	（1）分子的空间构型（杂化轨道理论）。 资料卡：价电子对计算方法（价电子互斥理论）。 （2）分子的极性及性质
差异性	价层电子互斥理论、杂化轨道理论作为正文出现	杂化轨道理论注重介绍，价电子互斥理论作为"知识支持"出现	着重介绍杂化理论，价电子互斥理论作为计算应用出现在资料卡中
教材栏目	资料卡片 科学视野 思考交流	活动·探究 联想·质疑 资料·在线 交流·研讨 知识·支持 观察·思考	你知道吗? 交流与讨论 科学史话 问题解决 活动与探究 资料卡等

从三种版本教材对比来看，都以杂化轨道理论为重点解释简单共价分子的立体构型，用举例的方法，如以 CO_2、H_2O、CH_2O、NH_3、CH_4 等分子的构型为例进行学习。人教版教材的价层电子互斥理论用正文介绍，鲁科版、苏教版教材则作为"知识支撑"的栏目出现。三种版本教材都利用丰富多彩的栏目帮助学生认识分子的立体构型。

分子的立体构型这节课的知识呈现：

（1）内容以各种分子的立体构型举例的方式呈现，使学生对分子存在立体构型有感性认识。

（2）提出问题：微观的分子立体构型如何测定？

（3）有哪些理论支撑判断分子的立体构型？

（4）用价层电子互斥理论、杂化轨道理论（配位键）解释分子立体构型。

要求学生通过学习可以判断分子和离子的立体构型。

本节知识的地位和功能：

分子的立体构型是在共价键的基础上提出的，根据价层电子对互斥理论和杂化轨道理论对简单共价分子结构的多样性和复杂性进行了解释，使学生能够在分子的水平上认识分子的结构，为认识分子的性质打下结构的基础。从教材内容的安排可以看出，本节课要让学生具有证据意识，建立理论和结果之间的逻辑关系，通过理论模型认识分子的微观立体结构，建立认知模型，能解释分子的微观立体构型。[3]

二、学生知识

1. 学生的认知基础

学生已经学过原子核外电子排布、电子的轨道分布、化学键、共价键知识。

2. 学生的学习障碍点

（1）疑点（基于学生访谈）：①模型认知——理论模型的建立和运用；②证据推理——证据之间的关系。

（2）难点：运用理论证据推理的过程、证据之间的关系、价层电子互斥理论进行计算。

3. 学生的知识增长点

掌握通过价层电子互斥理论和杂化理论证据模型推测分子的立体构型的方法。

三、教学与评价目标

1. 教学目标

（1）从教材实例和分子球棍模型了解共价分子的立体构型及分类。

（2）掌握价层电子互斥理论的计算，得出价层电子对互斥理论模型。

（3）根据价层电子对互斥理论模型预测分子的立体构型。

2. 评价目标

（1）学生对分子常见的立体构型进行分类交流、点评，诊断学生读取信息和分类的能力。

（2）通过学生计算中心原子上孤电子对、中心原子的总电子对数的结果，找出价层电子对互斥理论模型，并点评（定量水平）。

（3）根据价层电子对互斥理论模型判断分子的立体构型，讨论，点评。

四、教学重难点

1. 教学重点

分子的立体构型，价层电子对互斥理论。

2. 教学难点

价层电子对互斥理论。

五、教学流程

教学流程如图1所示。

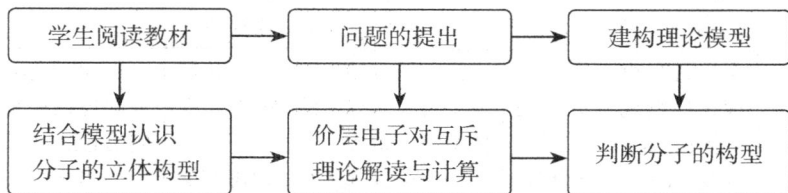

图1　教学流程

六、教学过程

教学环节	教师活动	学生活动	学科核心素养
环节一：认识分子构型的简单分类	问题情境： （1）指导学生阅读教材P35"模型探究"。 （2）结合模型展示分子立体构型	（1）总结分子构型的种类。 （2）阅读"科学视野"，了解分子立体构型的测定方法。 （3）思考形成立体构型的理论解释	（1）锻炼获取信息的能力。 （2）形成微观结构的证据信息获取能力。 （3）知道分子构型的简单分类

续 表

教学环节	教师活动	学生活动	学科核心素养
环节二：价层电子对互斥理论模型	价层电子对互斥理论的解读：（1）简述化学史——价层电子对互斥理论模型的建立。（2）师生共同求解中心原子的孤电子对数	（1）复习核外电子排布规律，共价键中的σ键、π键的成键特点。（2）以"思考和交流"为问题，进行问题解决。（3）学会计算孤电子对数	（1）了解理论模型。（2）运用模型解决问题。（3）对理论模型的运用进行指导和点评，纠正常见错误
环节三：利用价层电子对互斥理论计算孤电子对数	（1）根据计算结果推测电子构型和分子构型的关系。（2）依据教材P38，表2-4，进行方法解读	（1）确定σ键和孤电子对数后，确定分子和离子的中心原子的价层电子对数，得到价层电子对互斥理论模型。（2）确定分子构型，略去孤电子对，得到分子立体构型	（1）证据推理，根据计算结果推断分子立体构型。（2）学生相互评价结果
环节四：利用价层电子对互斥理论模型确定分子立体构型	利用价层电子对互斥理论模型确定分子的立体构型。以教材P39表2-5为例	（1）以表2-5为例，掌握价层电子对互斥理论模型和分子立体构型的关系。（2）解决教材P39"思考与交流"的问题	（1）提高运用证据推理和理论模型建构与应用的素养。（2）引导方法，随时点评
环节五：小结	小结：利用价层电子对互斥理论模型判断分子立体构型	（1）孤电子对求法。（2）立体构型的判断	理论模型内化，培养科学态度

七、教学反思

1. 强化知识的落实

分子的立体构型是从微观的角度认识物质，高度抽象，因此学生必须具有必备的理论知识基础，才能解决问题。有核外电子排布规律和化学键知识的储备，才能学习本节知识。

2. 发展学生的认识思维

从结构上分析分子，必须清楚化学键的形成及成键原则，促使学生从分子的概念思维转向立体构型思维。价层电子对互斥理论模型的熟练掌握，让学生知道"是什么""为什么""怎么样"问题，使学生从理论模型的角度认识分子的构型问题。

3. 充分利用教材资源

对学生而言，教材是学习最重要的文本材料，教材按照知识的逻辑顺序呈现出来，教师帮助学生解读好教材，认识清楚知识的本质，促使学生学习能力的提高。

4. 落实过程性评价

在课堂教学中，不断地对学生的行为做出正向的评价，有利于学生建立学习成功的成就感，增强学习的动力。教师及时修正学生的思维方向，有利于学生获得解决问题的能力。

5. 留给学生思考的时间

学生知识的网络化还没有形成，因此要给学生留下看教材、理解理论、计算、相互讨论交流的时间，可以促进学生获得充足的信息资源，为学习新的知识做准备。

参考文献：

［1］中华人民共和国教育部.普通高中化学课程标准（2017年版）［M］. 北京：高等教育出版社，2018.

［2］彭丹，孙霞，明欣，等.突破学生学习有机化学思维障碍的教学实践研究［J］.化学教育，2019（5）：30-36.

［3］人民教育出版社，课程教材研究所，化学课程教材研究开发中心.物质结构与性质教师参考用书［M］.北京：人民教育出版社，2007.

专家点评

本节课的教学设计能通过指导学生阅读教材提高信息获取和处理能力，通过价层电子对互斥理论建立分析模型、运用模型进行分子立体构型的确立，发展了学生模型认知的化学学科核心素养。通过化学史资料的阅读和分析渗透学科不断发展的教育理念和理解。整节课的学生阅读、理解、运用、互评的时间分配充足，体现了"教、学、评"一体化的教学理念，符合新课标中的学生发展观的要求，同时在核心素养的提升方面，特别是证据推理和模型认知素养方面有显著提升。

第三节 "研究物质结构的方法与价值"主题教学设计

案例 晶体常识

广州市培才高级中学 江天华

一、课程知识

1. 课标要求

（1）内容要求：《晶体常识》的直接内容既在"微粒间的相互作用与物质的性质"主题中，同时又与"研究物质结构的方法与价值"主题相关，具体内容如下：

了解晶体中微粒的空间排布存在周期性，认识简单的晶胞；认识物质空间结构可以借助某些实验手段来测定，通过这些手段所获得的信息为建立物质结构模型或相关理论解释提供支撑，知道晶体X射线是测定晶体结构的基本方法和实验手段。[1]

（2）学业要求：能说出晶体与非晶体的区别，能结合实例描述晶体中微粒排列的周期性规律，能说明X射线在衍射晶体结构研究中的作用。

2. 考纲要求

（1）了解晶体的类型，了解不同类型晶体中结构微粒、微粒间作用力的区别。

（2）了解晶格能的概念，了解晶格能对离子晶体性质的影响。

（3）了解分子晶体结构与性质的关系。

（4）了解原子晶体的特征，能描述金刚石、二氧化硅等原子晶体的结构与性质的关系。

（5）理解金属键的含义，能用金属键理论解释金属的一些物理性质。了解金属晶体常见的堆积方式。

（6）了解晶胞的概念，能根据晶胞确定晶体的组成并进行相关的计算。[2]

从考纲的要求来看，对于晶体结构与性质的考查主要集中在具体的晶体类型及相互作用力上，对于晶体的基本常识并未做出具体的要求，但是晶体常识能够为学生学习具体的晶体类型提供观念与方法的支撑，使学生对晶体的相关知识有一个总体的了解，形成概念模型，为进一步的知识学习打下基础，因此本节课的教学还是很有必要的。

3. 教材内容分析

比较项目	人教版	鲁科版	苏教版
教材呈现形式	第三章晶体结构与性质第一节晶体常识	第3章物质的聚集状态与物质性质第1节认识晶体	无专门章节介绍晶体的相关知识
呈现顺序	晶体和非晶体的本质区别—晶体的获取途径—晶体的特点与性质—晶胞	晶体的特性—晶体结构的堆积模型—晶胞	将晶体的常识渗透在各种类型晶体的介绍中
差异性	以中学化学常遇到的固体物质引出晶体与非晶体的差别，利用实验说明晶体的获取途径，再对晶体的特点与性质进行介绍，最后以铜晶体和铜晶胞为例介绍晶体与晶胞的关系	列举生活中常见的晶体，引入晶体的特性，从自范性、各向异性以及特定的对称性等几个方面来说明晶体的特性并对晶体的分类以及用途进行介绍。从晶体结构的堆积模型介绍晶体能够具有一系列特性的原因并介绍了晶胞的相关知识	教材以晶体类型与微粒间的作用力为线索组织教学内容，将晶体的一些常识分散到各个小节中
教材中的实验	实验3-1：碘晶体的制备	无	无

本节内容作为晶体知识起始内容，在教材的编排上都以学生已有的知识为基础，从熟悉的物质出发，通过归纳物质的共性引入新概念，帮助学生降低了知识的难度，同时在晶体的获得途径中设置了碘晶体的制备，帮助学生建立实验探究的意识，凸显化学实验这一化学学科的特点。教材通过文字告诉学生外观并不一定能够代表该物质是晶体，要依靠一些科学的方法以及物质的性质来判断，通过比较晶体与非晶体在性质上的不同以及测定晶体结构的手段等来进一步学习晶体的知识，以铜晶体和铜晶胞为例阐述了晶体与晶胞的关系。

"物质结构"虽然较抽象、难理解，但是其知识也具有一定的连贯性和系统性。教师只要帮助学生将零散的知识点经过梳理编制成网络体系，帮助学生找到适合自己学习"物质结构与性质"的方法，就会慢慢降低这部分内容在学生心中的难度，提高学生学习化学的兴趣。[3]

二、学生知识

1. 学生的认知基础

学生积累了一定物质的外观的相关事实，也知道固体有晶体和非晶体之分；也曾经通过蒸发等手段获得过晶体，对晶体有一定的认识；在数学课程中也学习了关于坐标系的知识以及立体几何知识。这些都为本节课的学习打下了良好的基础。

2. 学生的学习障碍点

（1）疑点：不会区分晶体与非晶体，认为玻璃也是晶体；不知道如何判断晶体，如何从微观结构去分析晶体。

（2）难点：晶体的自范性与各向异性。

3. 学生的知识增长点

了解晶体的特征，为学习各类晶体的结构与性质打下基础。

三、教学与评价目标

1. 教学目标

（1）通过对常见固体物质的观察，知道晶体与非晶体外观上的区别并从微观视角分析晶体与非晶体的差异性，知道X射线衍射法是测定晶体结构的基本方法，了解晶体的特性并且知道获取晶体的途径。

（2）以铜晶体为例，了解晶体中微粒的空间排布存在周期性。

2. 评价目标

（1）能说出晶体与非晶体的区别，能说明X射线衍射在晶体结构研究中的作用。

（2）能结合实例描述晶体中微粒排列的周期性规律。

四、教学重难点

教学重点：晶体的特性。

教学难点：晶体的自范性与各向异性。

五、教学流程

教学流程如图1所示。

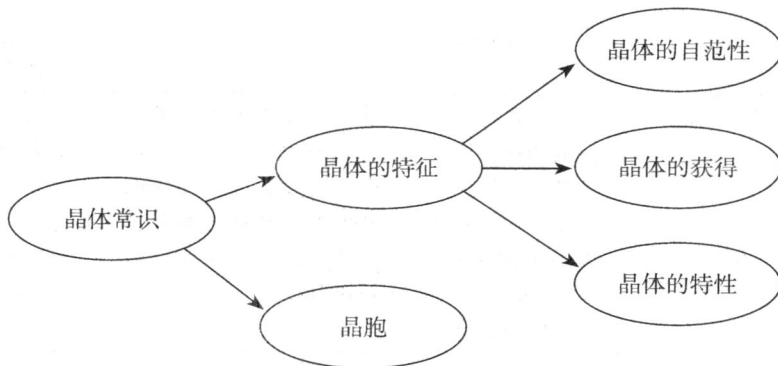

图1　教学流程

六、课堂教学环节设计

教学环节	教师活动	学生活动	设计意图	学科核心素养
环节一	实物展示：碳酸钠、碳酸氢钠、食盐、蓝矾、塑料、玻璃等固体。请学生判断哪些是晶体	根据已有的知识进行判断并说明理由	通过对事物的展示并让学生通过对晶体已有的认识去判断晶体，形成认知冲突，为引入晶体与非晶体的本质区别做铺垫	宏观辨识：能从物质的外观对晶体与非晶体进行辨别

教学环节	教师活动	学生活动	设计意图	学科核心素养
环节二	晶体与非晶体的本质区别：自范性	（1）阅读教材，理解晶体的自范性是其与非晶体的本质区别。（2）小组讨论什么是晶体的自范性，并在课堂上发表自己的见解	利用学生的认知冲突引导学生阅读教材，找出答案，并通过小组讨论的形式理解晶体的自范性（多种意见的融合，提升理解的水平）	科学态度：通过对晶体本质特征的探索使学生对于未知的知识不是人云亦云，而要学会查阅资料与同伴合作探讨得出结论（严谨的科学态度）
环节三	晶体的获取	（1）回顾已经学过的能够获得晶体的途径：蒸发。（2）分组实验：碘晶体的制备。（3）总结归纳获得晶体的途径	学生已经学习过蒸发，通过回顾蒸发过程提出：有没有获得晶体的其他途径并通过实验进行实际探究，从而获得新知识	科学探究：通过实验帮助学生建立化学探究的基本途径——实验，培养学生的科学探究意识
环节四	晶体的特性	（1）探究问题：玻璃不是晶体，该如何去分辨晶体？（2）了解分辨晶体结构的方法：利用光学显微镜或电子显微镜观察晶体的规则几何外形、晶体的X射线衍射实验。（3）晶体物理性质上的特性	回应课堂开始的问题，前后呼应，帮助学生提升学习的目的性；同时激发学生的好奇心：怎样才能更好地区别晶体与非晶体，从而引入一系列实验手段，帮助学生理解晶体的特性	学会质疑，能够从多个层次理解问题
环节五	总结回顾	将本节课的知识用简短的语言写成知识卡片，并展示给班级同学	用简单的语言凝练本节课的内容，提升学生的总结能力	

七、教学反思

人教版晶体常识安排了两个课时的教学时间——晶体与非晶体、晶胞，本课时为第一课时，主要介绍晶体的一些特征，内容要求较低，但是对于学生的理解来说难度较大，主要体现在以下几个方面：

（1）晶体对于学生的概念更多的是像食盐、水晶等具体的物质，从外观分辨晶体与非晶体的方法已经深入人心，先入为主的观点影响深远。

（2）对于自范性、各向异性等晶体性质的术语理解存在障碍。

基于以上误区，在课堂教学中，笔者通过玻璃不是晶体这一事实引起学生的认知冲突，引导学生去阅读教材，理解晶体与非晶体的本质区别；通过举出大量与生活贴近的实例来帮助学生理解自范性与各向异性这两个性质，取得了良好的效果。

而在晶体结构分析的手段中，由于教师知识储备的问题，对于X射线衍射实验的相关知识介绍不够清晰，仍需要在今后的教学中进行改进。

参考文献：

［1］中华人民共和国教育部.普通高中化学课程标准（2017版）［M］.北京：人民教育出版社，2018.

［2］教学考试研究院，北京天利考试信息网.2018年普通高等学校招生全国统一考试大纲说明的导读［M］.拉萨：西藏人民出版社，2018.

［3］赵颖.思维导图在高中化学选修3《物质结构与性质》教学中的实践研究［D］.新乡：河南师范大学，2018.

专家点评

选用学生熟悉的固体物质展示、实验引入，激发了学生的学习兴趣，引导学生通过阅读信息、实验探究、实物模型等手段，降低教学内容的抽象性，充分讨论分析晶体与非晶体的本质区别，促进了学生对晶体性质的理解和认识，帮助学生建立结构与性质之间的联系，发展了学生宏观辨识与微观探析的化学学科核心素养。

第六章

"有机化学基础"主题内容教学设计

第一节 "有机化合物的组成与结构"主题教学设计

案例 同分异构体

广州市第五中学 刘凤艳

一、课程知识

1. 新课标内容分析

《普通高中化学课程标准（2017年版）》[1]		《普通高中化学课程标准（实验）》[2]
内容要求： 认识有机化合物的分子结构决定于原子间的连接顺序、成键方式和空间排布，认识有机化合物存在构造异构和立体异构等同分异构现象	学业要求： 能辨识同分异构现象，能写出符合特定条件的同分异构体，能举例说明立体异构现象	通过对典型实例的分析，了解有机化合物存在异构现象，能判断简单有机化合物的同分异构体

对比发现：新课标对同分异构现象的内涵做了明确规定，即构造异构和立体异构（包括顺反异构和对映异构，其中对映异构不做重点要求）。学业要求

部分还要求能写出符合条件的同分异构体。

2. 教材内容的地位功能

同分异构现象广泛存在于有机化合物中，同分异构体的知识贯穿有机化学的始终。人教版、鲁科版和苏教版都将同分异构现象安排在有机化合物的结构特点之后，然后再开始各类有机化合物的学习，在学习中能进一步复习、巩固同分异构体的判断和书写。

本设计就是在学完常见烃、卤代烃和烃的含氧衍生物的性质后对同分异构体进行复习巩固，帮助学生建立"有序思维"模型。芳香化合物既存在取代基上的碳链异构、位置异构，又存在苯环上的位置异构：二元取代、三元取代。不管是苯环上的位置异构还是苯环上取代基的同分异构，这些都涉及书写同分异构体的有序问题，本节课帮助学生建立模型，使学生不断运用这个模型去解决新问题！

（1）根据条件推出官能团或者结构片段。

（2）碳链异构。

（3）位置异构（定一移一、定二移一）。

二、学生知识

学生对同分异构现象基本能辨识，但对有限制条件的同分异构数目的判断及书写存在困难。学生能判断出同分异构体的一种或几种，但经常是想到一种写一种，不能根据题目信息快速、完整地判断或写出满足要求的同分异构体结构简式，思维缺乏有序性。通过本节课帮助学生建立有限制条件的同分异构体的判断或书写模型，争取快速得分。

三、教学与评价目标

1. 教学目标

（1）通过有机物的特征、性质推断官能团，发展学生"宏观辨识和微观探析"的化学学科核心素养。

（2）通过书写简单有机物的同分异构体，初步建立有序思维模型，发展"证据推理与模型认知"的化学学科核心素养。

（3）通过解决不同情境下同分异构体的书写问题，发展有序思维。

171

2. 评价目标

（1）通过对有机物性质的推断，诊断并发展学生认识官能团的水平（孤立水平、系统水平）。

（2）通过书写简单有机物（C_4H_8且使溴水褪色）的同分异构体，诊断学生书写同分异构体的认识水平（孤立水平、系统水平）。

（3）通过解决不同情境下同分异构体的书写问题，诊断并发展学生解决实际问题的能力水平（孤立水平、系统水平）。

四、教学重难点

教学重点：有序思维模型的建立及发展。

教学难点：有序思维模型的发展。

五、教学流程

教学流程如图1所示。

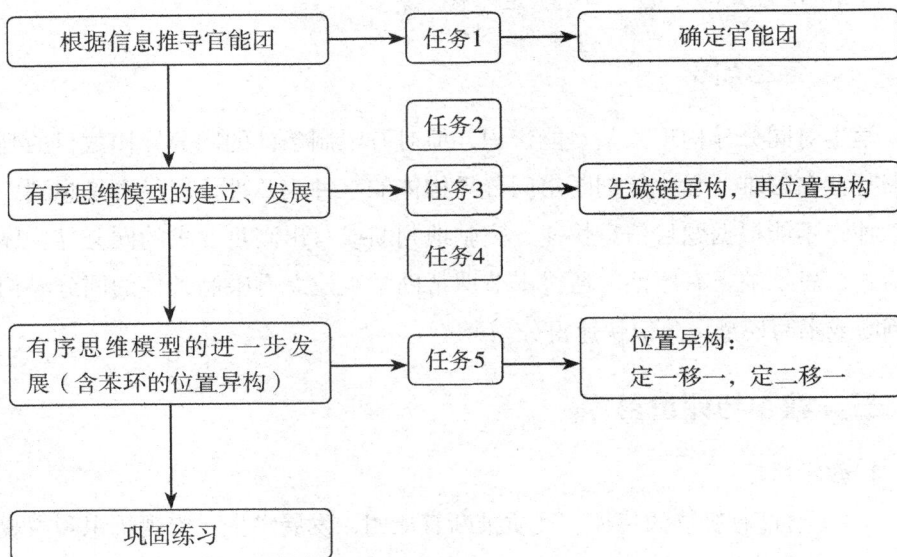

图1　教学流程

六、教学过程

教学环节	教师活动	学生活动	设计意图	学科核心素养
环节一：利用物质性质分析物质的官能团	任务1：学生能依据有机物的特征、性质推断其官能团。 （1）能与溴水反应。 （2）能使酸性高锰酸钾溶液褪色。 （3）与$NaHCO_3$、Na_2CO_3反应放出CO_2。 （4）与Na_2CO_3反应。 （5）与$FeCl_3$溶液发生显色反应。 （6）能与浓溴水生成白色沉淀。 （7）能与Na反应放出H_2。 （8）能与NaOH水溶液反应。 （9）能发生银镜反应或者能与新制氢氧化铜生成砖红色沉淀。 （10）能发生水解反应。 （11）能同时发生水解和银镜反应	思考、回答	对物质的认识从宏观到微观，为后面有条件的同分异构体的判断和书写打好基础	宏观辨识与微观探析
环节二：建立同分异构体判断的有序思维模型	投影：同分异构体的类型 任务2：分子式为C_4H_8且能使溴水褪色的同分异构体有多少种？（不含立体异构） 任务3：思考分子式为$C_3H_6Cl_2$的同分异构体共有多少种？（不考虑立体异构） 任务4：2015全国甲卷改编［HOOC（CH_2）$_4$COOH］的同分异构体中能同时满足下列条件的共有多少种？（不含立体异构）①能与饱和$NaHCO_3$溶液反应产生气体；②既能发生银镜反应，又能发生水解反应	了解同分异构体有构造异构和立体异构。构造异构存在碳链异构、顺反异构、位置异构，立体异构存在顺反异构和对映异构。 由学生讲解思路：先固定碳链，再固定一个官能团的位置，最后移动另一个官能团。 学生作答，学生讲解思路	了解同分异构体的种类，初步建立同分异构体书写的有序思维模型： （1）根据信息推出官能团。 （2）碳链异构。 （3）位置异构。 （定一移一） 以简单的碳链体会"定一移一"。 以高考真题为例（只是增加一个碳链）进行同分异构体模型的巩固复习，让学生的思维外显，体会"有序性"	证据推理与模型认知

续 表

教学环节	教师活动	学生活动	设计意图	学科核心素养
环节三：运用有序思维模型解决含有苯环的同分异构体的问题	任务5：（2017全国甲卷36）L是D（$C_7H_8O_2$）的同分异构体，可与$FeCl_3$溶液发生显色反应，1mol的L可与2mol的Na_2CO_3反应，L共有_____种。 拓展1：若苯环上的三个氢分别被三个羟基取代，所得产物共有_____种。 拓展2：若苯环上的三个氢分别被羟基、甲基、羧基取代，所得产物共有_____种	学生思考后作答。学生讲解思路：先固定两个取代基，再移动另外一个取代基（有序的同时也要防止重复）。归纳整理：根据苯环上的取代基数目快速判断同分异构体的数目	2017年全国甲卷和丙卷均考查了苯环的三元取代，所以集中把三种三元取代的类型一起对比、总结，可以根据苯环上取代基的数目、种类直接快速判断苯环因位置问题引起的同分异构体判断	证据推理与模型认知
环节四：巩固练习	1.（2017全国丙卷）H是G的同分异构体，其苯环上的取代基与G的相同但位置不同，则H可能的结构有_____种。 2.对氯苯甲酸的同分异构体中含有苯环且能发生银镜反应的共有____种	—	—	证据推理与模型认知

七、教学反思

通过本节课教学的实施，学生参与度高，反馈效果好，整体来说达到了预期的教学目标，学生已逐步改掉书写同分异构体时想到一个写一个的习惯，有意识地建立了有序思维模型：

（1）先根据限制条件推出官能团或者结构片段。

（2）碳链异构。

（3）位置异构（定一移一、定二移一）。

对于苯环上的二元、三元取代的位置异构学生相对容易入手，但对于含有相同取代基的三元取代，容易出现重复，对于怎样避免重复应该是后面学习要注意补充的内容。同分异构的种类很多，本节课不能面面俱到，后面学习的过程中要利用本节课的有序思维模型慢慢渗透、应用。

参考文献：

［1］中华人民共和国教育部.普通高中化学课程标准（2017年版）［M］.北京：北京人民教育出版社，2017.

［2］中华人民共和国教育部.普通高中化学课程标准（实验）［M］.北京：北京人民教育出版社，2003.

专家点评

教学过程体现了学生思维的高阶发展。在回顾官能团的结构和性质的基础上，学生对有机物的同分异构体进行分类，对比、"拼装"，学会"有序异构"，建构了书写"同分异构体"的有序思维模型，也加深了对有机物官能团性质的理解。学生能充分认识到结构与性质的关系，教师引导学生从有机物的成键特点和空间构型认识同分异构体，体现了"模型认知"的教学方法。选择的典型素材让学生的思维能力在体验中显性呈现，一步一步提升学生的思维深度，激发了学生的积极性和成就感。

第二节　"烃及其衍生物的性质与应用"主题教学设计

案例　脂肪烃

广州市第九十七中学　郑颖颖　陈玉婷　何允华

一、课程知识

1. 课标要求

（1）内容要求[1]：①认识烷烃、烯烃的组成和结构特点，比较这些有机化合物的组成、结构和性质的差异（P48）；②认识加成反应、取代反应及氧化还原反应的特点和规律，了解有机反应类型和有机化合物组成结构、特点的关系（P48）；③认识有机化合物分子中共价键的类型、极性及其与有机反应的关系（P46）。

（2）学业要求[1]：①能描述和分析各类有机化合物的典型代表物的重要反应，能书写相应的反应式（P50）；②能基于官能团、化学键的特点与反应规律分析和推断含有典型官能团的有机化合物的化学性质（P50）。

2. 考纲分析

序号	2019年考纲内容	变化要求（对比2018年考纲）
1	掌握烷、烯、炔和芳香烃的结构与性质	替换：以烷、烯、炔和芳香烃的代表物为例，比较它们在组成、结构、性质上的差异
2	了解共价键的形成、极性	新增："了解共价键的极性"
3	能用键能、键长、键角等说明简单分子的某些性质	—
4	了解加成反应、取代反应和消去反应	删去："因必考中要求'掌握常见有机反应类型'"

续 表

序号	2019年考纲内容	变化要求（对比2018年考纲）
5	通过对自然界、生产和生活中的化学现象的观察，以及实验现象、实物、模型的观察，对图形、图表的阅读，获取有关的感性知识和印象，并进行初步加工、吸收、有序存储	通过对实际事物、实验现象、实物、模型、图形、图表的观察以及对自然界、社会、生产、生活中的化学现象的观察，获取有关的感性知识和印象，并进行初步加工、吸收、有序存储的能力
6	能将分析和解决问题的过程及成果，正确地运用化学术语及文字、图表、模型、图形等表达，并做出合理解释	将分析和解决问题的过程及成果，用正确的化学术语及文字、图表、模型、图形等表达，并做出解释的能力

　　2017年高考化学《考试大纲》相比2016年，修订处相当多，2018年《考试大纲》基本没有变动，2019年化学《考试大纲》与2018年相比，只在第一部分考试目标与要求中略有变化，提出了高校对新生思想道德素质和科学文化素质的要求，并第一次把"思维方法"写进考纲。

　　具体到《脂肪烃》这一节内容，我们对比2018年的考纲，发现这部分的要求总体有所提高，新增"了解共价键的极性"，要求从价键的角度认识反应及化学性质，突出对模型的观察，强调综合运用模型等表达方式做出合理解释，对考生迁移能力、解决问题的能力要求明显提高。

3. 考情呈现（全国卷）

年份/卷型	题型	考点
2016 Ⅲ卷	客观题	乙烷的性质（乙烷与浓盐酸发生取代反应）
2016 Ⅱ卷	主观题	有机合成路线（判断反应类型、书写对应方程式）
2016 Ⅰ卷	客观题	乙烯的化学性质（由乙烯生成乙醇属于加成反应）
2016 Ⅰ卷	主观题	有机合成路线（判断反应类型、书写对应方程式）
2017丙卷	客观题	碳碳双键的加成反应（植物油氢化）
2018乙卷	客观题	植物油的加成反应（植物油能使Br_2/CCl_4褪色）
2018丙卷	客观题	苯乙烯的性质
2019Ⅰ卷	客观题	2-苯基丙烯的性质（碳碳双键能使高锰酸钾溶液褪色，可以发生加成聚合反应、原子共平面）
2019 Ⅰ卷	主观题	写出甲苯光照下发生的反应方程式
2019 Ⅱ卷	客观题	高锰酸钾中通乙烯
2019 Ⅲ卷	客观题	有机分子的共面性质
2019 Ⅲ卷	主观题	判断反应类型

由上表可见，近几年对《脂肪烃》内容的考查方式既有主观题，又有客观题，其中，选考的大题36题就是有机题，因此必然会使用到相关知识。这些考题主要呈现形式是：

（1）选择题：作为其中的某一个选项，考查具体物质的性质。

（2）与实验选择题相结合，考查对应性质的实验现象。

（3）与有机大题结合，从判断反应类型、反应方程式的书写等角度来考查。

由此可见，高考题中必然会出现脂肪烃的相关知识，涉及的分数为6~9分，值得引起重视。

4. 教材内容分析

（1）人教版教材分析。烃是有机化学中的基础物质，也是系统学习后续各章的基础。必修2以典型物质呈现的甲烷、乙烯将在本节中复习和提升为烷烃、烯烃等类别的性质。教材选择通过学生归纳整理的形式达到温故而知新的目的，从结构变化的角度描述烷烃、烯烃的性质，从而突出取代反应、加成反应以及加聚反应等有机反应类型。

系统学习有机物性质需要建立有机化学学习的基本方法——"结构决定性质，性质反映结构"，由典型代表物的结构、性质归纳提升到一类物质的结构、性质，进而演绎迁移到对陌生物质进行结构分析和性质预测。

本节内容是系统学习有机化学知识的起点，也是建立系统学习方法的起点，学好本节内容能为本章以及后续章节的学习奠定基础。

（2）三种版本的教材的对比分析。

比较项目	人教版[2]	鲁科版[3]	苏教版[4]
教材呈现形式	第二章烃和卤代烃 第一节脂肪烃 一、烷烃和烯烃	第1章有机化合物的机构与性质 烃 第3节烃 二、烷烃的化学性质 三、烯烃和炔烃的化学性质	专题3常见的烃 第一单元脂肪烃 第二单元芳香烃
呈现顺序	烷烃和烯烃→烯烃的顺反异构→炔烃→脂肪烃的来源及其应用	烃的概述→烷烃的化学性质→烯烃和炔烃的化学性质	脂肪烃的性质→脂肪烃的来源与石油化学工业

续 表

比较项目	人教版[2]	鲁科版[3]	苏教版[4]
差异性	以典型代表物为例，从认识分子组成及结构变化的角度来陈述烷烃和烯烃的化学性质，突出有机化学反应类型	引导学生从类别上对烷烃、烯烃、炔烃的结构、性质、应用、不同类别烃之间的转化关系进行研究	主要从不饱和键的角度入手，对比饱和烃——烷烃，学习不饱和烃——烯烃和炔烃的化学性质

三个版本的教材在进入脂肪烃的学习内容后，都遵循烷烃—烯烃—炔烃这样一个学习顺序，但具体学习上切入的角度各有不同。人教版重在分子组成及结构的变化，鲁科版主要从类别的角度学习，而苏教版则先对烃进行饱和烃与不饱和烃的分类，再从不饱和键的角度入手。而根据考纲的要求，需要学生从化学反应的本质即键的角度去理解有机物的结构和性质，因此教师在课堂教学中要引导学生对比反应、搜集证据，从而说明不同化学键的性质。

二、学生知识

1. 学生的认知基础

学生在高一无机元素化合物的学习时已经掌握了分类方法，掌握了原子结构决定元素性质的分析方法，理解同主族或同周期元素的原子结构的递变引起性质的递变，建立了宏观实验现象—微观反应原理—化学方程式（或离子反应方程式）符号表征三重表征学习元素化合物性质的认知模式。上述分类方法、结构决定性质以及三重表征学习模式将为系统学习有机化学打下基础，学生的演绎思维、类比推理能力和迁移能力将在有机化学的学习中不断得到深化。

2. 学生的学习障碍点

（1）疑点：碳氢键为什么比碳碳单键容易断裂？碳碳单键在什么条件下断裂？碳碳单键与碳碳双键有什么不同？碳碳双键的两个键一样吗？哪些化学性质能提供证据说明？共价键的类型、极性与有机反应有什么关系？

（2）难点：改变仅从单一物质的角度去认识有机化合物的方式，从化学键的特点与反应规律分析和推断有机化合物的化学性质，认识有机化合物分子中共价键的类型、极性、稳定性及其与有机反应的关系。

3. 学生的知识增长点

（1）利用模型进行结构分析，以性质为证据，说明不同化学键的强弱或者活泼性。

（2）能通过乙烷、乙烯性质的对比，找出性质差异对应的结构，得到饱和键与不饱和键结构及性质的关系。

三、教学与评价目标

1. 教学目标

（1）能通过数据分析获取脂肪烃的沸点、相对密度与碳原子数的关系并应用。

（2）能以甲烷和乙烷为代表，建立烷烃结构与性质之间的关系；能通过拼接球棍模型分析断键、成键位置，以性质为证据，说明不同化学键的强弱或者活泼性。

（3）能通过乙烷、乙烯性质的对比，找出烷烃和烯烃化学性质的差异对应的结构，说明不同化学键的性质所能发生的反应。

2. 评价目标

（1）通过对沸点、相对密度变化趋势的结论的判断和分析，诊断并发展学生的阅读素养、获取信息的能力。

（2）通过对乙烷断键、成键位置的分析，对丁烷强热分解下产物的讨论和交流，诊断并发展学生对结构与性质关系的认识进阶（物质水平、化学键水平）和演绎思维、迁移能力。

（3）通过对乙烷、乙烯结构差异的判断、对乙烯发生化学反应时断键原因的分析交流，诊断并发展学生从宏观和微观角度收集证据的能力，并能依据不同的化学反应从价键稳定性强弱的视角分析问题，推出合理的结论。

四、教学重难点

教学重点：能通过拼接球棍模型分析断键、成键位置，并利用模型分析结构、用化学性质作为证据，说明不同化学键的强弱或活泼性。

教学难点：能找出性质差异对应的结构，并得到饱和键、不饱和键的结构与性质的关系。

五、教学流程

教学流程如图1所示。

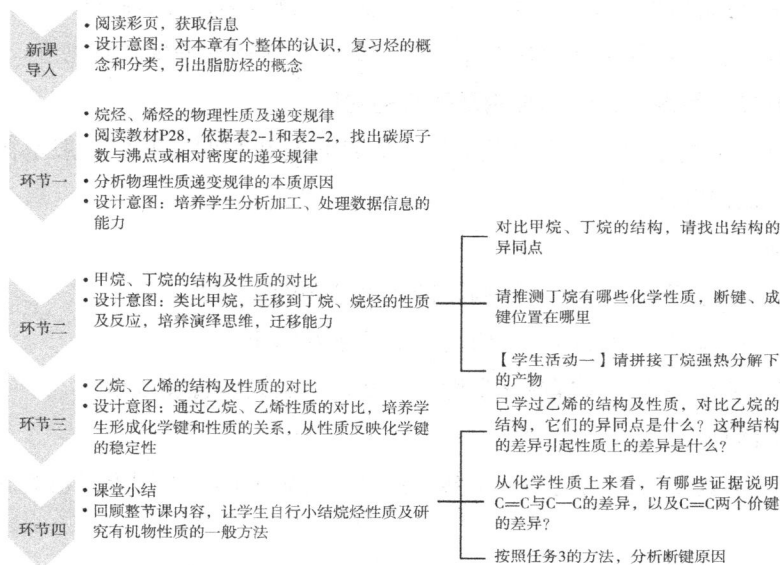

新课导入
- 阅读彩页，获取信息
- 设计意图：对本章有个整体的认识，复习烃的概念和分类，引出脂肪烃的概念

环节一
- 烷烃、烯烃的物理性质及递变规律
- 阅读教材P28，依据表2-1和表2-2，找出碳原子数与沸点或相对密度的递变规律
- 分析物理性质递变规律的本质原因
- 设计意图：培养学生分析加工、处理数据信息的能力

环节二
- 甲烷、丁烷的结构及性质的对比
- 设计意图：类比甲烷，迁移到丁烷、烷烃的性质及反应，培养演绎思维、迁移能力

- 对比甲烷、丁烷的结构，请找出结构的异同点
- 请推测丁烷有哪些化学性质，断键、成键位置在哪里
- 【学生活动一】请拼接丁烷强热分解下的产物

环节三
- 乙烷、乙烯的结构及性质的对比
- 设计意图：通过乙烷、乙烯性质的对比，培养学生形成化学键和性质的关系，从性质反映化学键的稳定性

- 已学过乙烯的结构及性质，对比乙烷的结构，它们的异同点是什么？这种结构的差异引起性质上的差异是什么？

环节四
- 课堂小结
- 回顾整节课内容，让学生自行小结烷烃性质及研究有机物性质的一般方法

- 从化学性质上来看，有哪些证据说明C=C与C—C的差异，以及C=C两个价键的差异？
- 按照任务3的方法，分析断键原因

图1　教学流程

六、教学过程

新课导入

教师：阅读彩页部分，能从中获取什么信息？

学生：石油主要含烃。根据结构的不同，烃可分为烷烃、烯烃、炔烃和芳香烃，其中烷烃、烯烃、炔烃都属于脂肪烃。

素养达成：通过阅读教材复习烃的概念和分类，形成脂肪烃的概念。

环节一：烷烃、烯烃的物理性质及递变规律

教师：

（1）请阅读教材P28，依据表2-1和表2-2，找出碳原子数与沸点或相对密度的递变规律。

（2）分析物理性质递变规律的本质原因——分子间作用力。

（3）请判断异丁烷的沸点范围。

学生活动：

（1）对比表格数据，得出碳原子数越多，沸点、相对密度越大的结论。

（2）回忆物质的组成、熔沸点的影响因素。

（3）分析数据：碳原子数相同的烷烃，支链越多，沸点越低。

素养达成：培养学生阅读素养，分析加工、处理数据信息的能力。

环节二：甲烷、乙烷的结构及性质的对比

过渡：甲烷是烷烃的典型代表物，在认识有机物时，我们一般遵循从个别到一般的认识顺序。

教师：

（1）对比甲烷、乙烷的结构，请找出结构的异同点。

（2）甲烷发生反应时，对应的断键位置在哪里？

（3）请推测乙烷有哪些化学性质，断键、成键位置在哪里。

学生活动：

（1）对比甲烷的结构，说出共同点是都有碳氢键，不同点是乙烷含有碳碳单键。

（2）甲烷与氧气反应时，断裂碳氢键；在高锰酸钾中，碳氢键不断裂。

（3）乙烷的性质与甲烷相似，发生取代反应时断裂碳氢键；强热分解时碳碳单键可以断裂。

（4）拼接丁烷强热分解下的产物。

教师总结：烷烃的性质类似于甲烷和乙烷，在断键时先断碳氢键，再断碳碳单键。

素养达成：类比甲烷，迁移到乙烷、烷烃的性质及反应，提升对结构与性质关系的认识进阶（物质水平、化学键水平）和培养演绎思维、迁移能力。

环节三：乙烷、乙烯的结构及性质的对比

教师：如果我把碳碳单键变成碳碳双键又会怎么样呢？

（1）乙烷、乙烯结构的异同点是什么？这种结构的差异会引起的性质上的差异是什么？

（2）乙烯的氧化反应与乙烷有什么不同？断键位置在哪里？

（3）从化学性质上来看有哪些证据说明C＝C与C—C的差异，以及C＝C两个价键的差异。

（4）按照任务3（是指环节二里列举的几个问题）的方法，分析断键原因。

思考1：1mol $CH_2=CH_2$ 和 2mol Cl_2 充分反应，如何反应呢？

思考2：由烃制取 CH_3CH_2Cl 可以用什么方法，哪种更好？

学生活动：

（1）找出乙烷和乙烯结构的差异。

（2）观察模型得出断键位置。

（3）对比性质，分析归纳 $C=C$ 与 $C—C$ 的差异及 $C=C$ 两个价键的差异。

（4）完成思考1、2，理解 $C=C$ 比 $C—H$ 先断裂。

素养达成：通过乙烷、乙烯性质的对比，引导学生从宏观和微观上收集证据，找到能够证明性质差异的证据，形成化学键和性质的关系，培养学生证据推理的素养。

七、教学反思

本课题主线设计有特色，关注了不同价键的活泼性大小的比较，以及比较过程中对应的判断证据。以典型代表物甲烷、乙烯的具体反应为载体，通过类比迁移学习一类有机化合物的性质。分析化学键、预测可能的断键部位，引导学生从断键、成键角度概括规律，培养学生类比迁移能力及证据推理素养。

本教学设计的亮点有三个。

1. 重视学生阅读素养的培养

在课堂上，让学生自行阅读第二章的导言部分，从中获得关于本章的总体认识，知道有机物反应的特点，复习烃的概念和分类，引出脂肪烃的概念。相关的概念在第一章学习官能团的时候已经讲过，所以在这里重在找出有机物的反应特点。在物理性质的学习部分，也是让学生自行看数据分析得出结论，培养学生获取信息的能力。

2. 主线设计符合阶梯式认知，层层深入；宏观与微观相结合，理解本质

采用对比式教学方法，并在原有基础上引导学生从价键的角度分析，让学生感觉这并不是必修2的重复，而是在原有知识上的有效提升，既不会觉得太简单，也不会觉得太难，这正符合知识点掌握的思维过程。

分析结构与性质之间的关系时，先是引导学生分析甲烷、乙烷的结构特点，再回忆甲烷对应的性质和方程式，猜测乙烷的性质，让学生分析甲烷反应时的断键、成键位置，再类比迁移到乙烷反应时的断键、成键位置。由微观电子式到宏观反应再到微观结构，实现了宏观与微观的结合。最后通过拼接模型，让学生亲手体验碳碳单键的断裂，加深对不同价键稳定性的理解。

3. 重视发展学生证据推理素养

在分析对比乙烷、乙烯的结构后，提问学生：结构上的差异会引起性质上的什么差异？通过该问题引发学生的思考，让学生从乙烯的结构中，找到能够证明性质差异的证据。最后让学生按照任务3的方法，分析断键原因。环节三引导学生从宏观和微观结合上收集证据，能依据不同的化学反应从价键稳定性强弱的视角分析问题，推出合理的结论。课堂上，学生在该环节反应热烈，大多能顺利找出证据，并且部分人可以口述出碳碳双键不如碳氢键稳定，碳碳双键中的一个键较易发生反应，课堂效果甚好。

本节课仍有不足的地方，以后可以在模型拼接的环节让更多学生上讲台进行描述和展示，让学生的思维过程外显。部分地方语言还可再简洁些，让重难点更加突出。

附：文献分析

1. 关于"脂肪烃""脂肪烃教学设计"的文献研究概况

在中国知网的中国基础教育全文数据库中以"脂肪烃""脂肪烃教学设计"为主题搜索，只搜到3篇教学设计，可见关于脂肪烃的教学设计研究寥寥无几。在3篇教学设计中，两篇是苏教版，一篇是人教版。有的突出以学生为主体的教学理念，运用了对比、阅读与讨论、设疑类比、强化训练等多种教学方法；有的以教学设计的理论为指导，展示探究教学的过程与方法[5]；有的基于教材安排、章节顺序、栏目设置、学生现状四方面理解，落实脂肪烃的化学性质[6]，都取得了很好的效果。

2. 关于"证据推理"的文献研究概况

选用"证据推理"作为主题词进行检索，为了找到既有关证据推理素养培养又有关脂肪烃教学应用的文章，排除与有机物教学无关的部分。从检索结果来看，研究证据推理的文章不少，有36篇，说明当下正是突破核心素养培养的重要时期。

谢天华、黄子超等研究了证据推理在课堂教学"将金属钠放在石棉网上加热"中的应用，徐小健研究了基于证据推理的化学生态课堂教学，朱清勇、高志鹏等研究了证据推理在初中化学实验教学研究中的应用，张高豪研究了证据推理在电子式书写模型中的应用，王宝权研究了证据推理在二氧化碳复习课实验教学中的应用，周正祥、杨玉琴等研究了指向证据推理与模型认知的教学以"原子结构模型的演变"为例等。

总而言之，证据推理在高中有机化学教学中的应用并不多，研究内容主要集中在无机化学或者实验教学部分。在36篇文献中，没有把脂肪烃的教学与证据推理结合到一起的。

参考文献：

［1］中华人民共和国教育部.普通高中化学课程标准（2017年版）［M］.北京：人民教育出版社，2018.

［2］宋心琦.普通高中课程标准实验教科书：选修5（有机化学基础）［M］.北京：人民教育出版社，2018.

［3］王磊.普通高中课程标准实验教科书：选修（有机化学基础）［M］.济南：山东科学技术出版社，2007.

［4］王祖浩.普通高中课程标准实验教科书：有机化学基础选修［M］.南京：江苏凤凰教育出版社，2018.

［5］周新起."脂肪烃"的教学设计及反思［J］.化学教与学，2013（2）：76–78.

［6］叶兰峰.基于理解的"脂肪烃的性质"教学［J］.化学教与学，2016（11）：62–64.

专家点评

能从原子间的连接顺序、成键方式和空间排布的基本角度，帮助学生建立观念性认识；引导学生从化学键视角进行推理、解释和预测有机化合物性质，培养学生的高阶思维能力。

第三节 "生物大分子及合成高分子"主题教学设计

案例 有机合成

广州市第五中学 黄素雯

一、课程知识

1. 课标要求

（1）内容要求：《有机合成》直接的内容主题为认识有机合成的关键是碳骨架的构建和官能团的转化，了解设计有机合成路线的一般方法。体会有机合成在创造新物质、提高人类生活质量及促进社会发展方面的重要贡献。相关的内容主题是化学科学研究进展、作为交叉学科的化学主题。

进行有机合成的教学时，素材选取要兼顾目标物的应用价值和对学生思维的挑战性；活动类型要兼顾正向合成和逆向合成任务，引导学生关注结构对比、官能团转化和碳骨架构建；通过合成路线的评价活动使学生体会官能团保护、绿色设计等思想。

（2）学业要求：能基于官能团、化学键的特点与反应规律分析和推断含有典型官能团的有机化合物的化学性质。[1]根据有关信息书写相应的反应式。能综合应用有关知识完成推断有机化合物、检验官能团、设计有机合成路线等任务。能参与环境保护等与有机化合物性质应用相关的社会性议题的讨论，并做出有科学依据的判断、评价和决策。

能结合已认识的糖类、塑料的组成和性质特点，对单体和高分子进行相互推断；能分析高分子的合成路线，并说明它们在材料领域中的应用；能参与材料选择与使用、垃圾处理等社会性议题的讨论，并做出有科学依据的判断、评价和决策。

2. 教材内容分析

比较项目	人教版[2]	鲁科版[3]	苏教版[4]
教材呈现形式	第三章第四节有机合成	第3章第1节有机化合物的合成	专题4第一单元卤代烃在有机合成中的应用 第三单元重要有机物之间的相互转化
与前后章节的关系	烃→烃的衍生物→有机合成→营养物质→高分子化合物	烃→烃的衍生物（含糖类、蛋白质）→有机合成→高分子化合物	烃→卤代烃（插入卤代烃在有机合成中的应用）→烃的含氧衍生物（插入物质的转化）→营养物质
有机合成的内容素材	总结引入碳碳双键、卤原子、羟基的方法，以草酸二乙酯的合成为例介绍逆合成分析法	有机合成的关键是碳骨架的构建与官能团的引入，逆推法设计苯甲酸苯甲酯的合成路线	卤代烃在有机合成中的应用，重要有机物之间的相互转化
有机合成的方法素材	总结引入碳碳双键、卤原子、羟基的方法——逆合成分析法	增减碳链的方法，引入卤原子、羟基、羰基、羧基的途径——逆推法，"绿色"合成的意义	格氏试剂在有机合成中的应用，有机化合物之间的转化关系

　　鲁科版教材在有机合成中的素材组织是最丰富的，而且对于有机合成的应用有详细的介绍及相关重要事件的归纳，后续章节有关于有机合成高分子化合物的介绍，整体的教学内容组织是有规划、有深度的。

二、学生知识

1. 学生的认知基础

　　该节课是"有机合成"的复习课，学生已经学习了"有机化学基础"的所有内容，所以教学上应让学生从知识上得到发展，帮助学生学会从不同的角度对所学的有机化学知识进行分析，调动学生的积极性，使学生在运用时能更深层次地理解有机合成的含义。

　　在第一、二、三章的学习中，学生已经掌握了烃、卤代烃、醇、酚、醛、羧酸、酯等有机物的结构特点、物理性质、化学性质以及用途等方面的知识。学生的逻辑思维能力以及信息迁移能力有了显著提高；而在第四、五章的学习中，学生对生活中接触的有机物质有了更深刻的认识，逐步有把科学理论知识应用于生活实践的尝试。通过本节课的学习，学生将会认识到有机合成与人们生活的密切关系。通过有机物逆合成分析法、正向合成分析法的推理，进一步培养学生逻辑思维能力以及信息的迁移能力，同时巩固学生对各类有机物的相互转化关系以及重要官能团的引入等基础知识的认识。

2. 学习的学习障碍点

本节课对知识与能力的要求复杂（见图1），教学中还需要学生培养良好的习惯与素养，因此在教学过程中需要创设情境、设置台阶，在学生头脑中建立起分析有机合成路线所依托的一般方法。

图1　"有机合成"对知识与能力的要求分析

3. 学生的知识增长点

（1）以相对简单的"淀粉制塑料"作为情境贯穿课堂始终。利用所学知识合成不同的塑料，对学生来说有目标、有挑战，使学生为了这个有意义的任务进行充分的交流与合作，最终完成各类物质的转化，并将各类有机物的性质内化在脑海中。

（2）在有机合成过程中，让学生体会找到合适的中间体是完成有机合成的关键，从而让学生体验逆合成分析过程、正向合成分析过程中化学键的切断技巧，深刻理解掌握基础物质的官能团性质与转化的必要性。

（3）从各种合成路线的分析与比较中，使学生体会绿色化学的原则，让学生感受到在选择合理的路线时要综合考虑多方面的因素。

三、教学与评价目标

1. 教学目标

（1）掌握常见的官能团引入与转化的一般方法。

（2）能通过对原料与目标产物的结构的分析，从碳链增减、官能团转化的角度建立解决有机合成的一般思路与策略。

（3）理解逆向合成法在有机合成中的应用，并能找到合适的中间体。

2. 评价目标

（1）通过"淀粉合成塑料杯"合成路线的分解，诊断学生研究有机化学的方法和思路。

（2）通过寻找葡萄糖、乳酸、乙烯等中间体，诊断学生的信息素养。

（3）通过有梯度的与生活实际相关的有机合成的训练，诊断学生解决有机合成的逻辑思维能力。

四、教学重难点

教学重点：掌握官能团转化，寻找合适的中间体，学会设计合理的有机合成路线。

教学难点：建立有机合成的一般思路与策略。

五、教学流程

教学流程如图1所示。

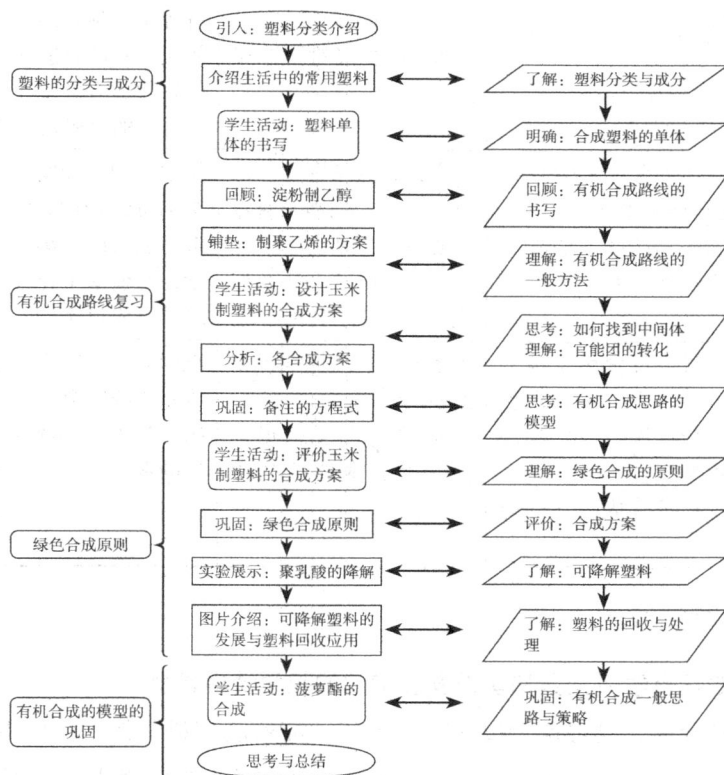

图2　教学流程

六、教学过程

教学环节	教师活动	学生活动	设计意图	学科核心素养
环节一	介绍：塑料的分类、聚乙烯制品、聚丙烯制品、聚氯乙烯、聚对苯二甲酸乙二醇酯、聚乳酸等	写出上述塑料单体	使学生了解有机化学在生活中的广泛应用，并对塑料的认识逐渐提升到分类与本质上	认识各种塑料及其合成的单体
环节二	设计：玉米（淀粉）制塑料杯合成路线。总结：有机合成的思路，任务：①增减碳链；②转化官能团 原料→中间体……中间体→目标产物 策略：烯—醇—羧酸 逆推法 卤代烃 醛	有机合成路线的设计。方案1：制聚乙烯。方案2：制聚氯乙烯。方案3：制聚乳酸。方案4：制聚丙烯。方案5：制聚对苯二甲酸乙二醇酯	使学生回顾逆向合成的一般思路与分析。使学生体会在设计过程中必须熟悉有机化合物的官能团的转化，有助于建立合理的合成路线	建立认知模型，并能运用模型解释化学现象，揭示现象的本质和规律
环节三	评价：有机合成的合理性会考虑哪些因素呢？综合分析：方案1、方案3、方案5会更适合工业生产	方案1与方案3简洁。方案2与方案4涉及有毒物质氯气与氰化物。方案5步骤多，涉及取代反应，原子利用率低	使学生理解开发有机合成路线需要考虑复杂的影响因素，并使学生建立绿色合成观念	能对化学热点问题做正确的价值判断与分析
环节四	图片介绍：可食用水球、可食用塑料袋、可食用保鲜膜、光降解、微生物降解、塑料焚烧发电等。小结：有机合成路线的模型	巩固有机合成路线模型的使用。知道绿色合成思想是优选的合成路线的重要原则	巩固学生对有机合成路线的模型。树立学生可持续发展的观念	建立保护环境的可持续发展意识

七、教学反思

1. 选取具有学科素养和认识发展空间的教学情境素材

"有机合成"复习课上以相对简单的"淀粉制塑料"作为情境贯穿课堂始终。利用所学知识合成不同的塑料，对学生来说有目标、有挑战，使学生为了这个有意义的任务进行充分的交流与合作，最终完成各类物质的转化，并将各类有机物的性质内化在脑海中。而各种合成路线的分析与比较又能帮助学生体会"绿色化学"的原则，让学生感受到在选择合理的路线时要综合考虑多方面的因素。

又如"有机合成"复习课上，最终用菠萝酯的合成让学生再次使用刚学习的认识模型。很多学生倾向于从已知信息出发，即利用 $CH_2=CH_2 + CH_2=CH_2 \longrightarrow$ 直接形成碳骨架。这样存在的问题是学生没有找对原材料，而且合成所得的物质的碳骨架将少了一个C，无法合成菠萝酯（ $(CH_2)_2COCH_2CH=CH_2$ ）。

因此在复习课上，应注意选择有利于学生认识空间发展的情境素材：有利于学生产生认知冲突的素材、能挑战学生已有认识角度的素材、需要厘清认识思路的素材、现实生活中的实际问题等。[5]这些都有利于学生建立与发展认识模型，丰富认识角度。

2. 精细且有梯度地设计教学过程中的驱动性问题，及时捕捉学生复习的障碍点

"有机合成"复习课上，笔者针对学生的设计方案增加了以下问题：

制聚乙烯、聚氯乙烯的合成方案分析中，追问"中间体是什么，它与产物之间有什么关系？"从而复习逆合成分析法与官能团的转化。

制聚乳酸的合成方案，追问"你是如何想到这种解题思路的？"从而复习正向合成分析法。

制聚丙烯的合成方案，追问"设计时，你遇到了什么困难？怎么解决的？"从而解决碳骨架构建问题。

制对苯二甲酸乙二醇酯的合成方案，追问"中间体是什么？它与产物之间有什么关系？"从而解决最合适中间体的选择问题。

教学过程中有利于认识发展的问题一般是：关系性问题、为什么问题、怎么办问题、思路性问题。[5]教师的课堂教学设计就是要让学生通过层层递进的驱动性问题，不断完善与巩固学生的认识模型，让学生逐步自觉用认识模型完成化学问题。

3. 组织学生开展预测、设计、解释、论证等高级认识活动，使学生认识角度和思路外显化

"有机合成"复习课上，让学生体会自己是最活跃的方案设计者，他们必须针对各个设计者提出的方案的可行性，实时反映，及时讨论。生生互评、师生互评的过程中，各种有利于认识发展的学生活动使学生的概括、推测、设计、分析、解释、评价等能力得以提升。教师需要采取的促进认识发展的特征教学行为就是：想方设法地、及时地捕捉学生课堂上展示的认识角度，使学生的认识思路得以外显，追问与组织学生开展预测、设计、解释、论证等学生活动，学生的认识模型在不知不觉的学生活动中得到构建，认识模型也在不知不觉的教学活动中得到巩固与应用。

"有机合成"复习课的重要目标是认知模型的构建，但也必须落实有机化学方程式的书写，反应类型的熟练掌握等。学生对于醇、卤代烃的消去反应原理不清，对于一个单体与两个单体的缩聚反应原理也不熟练，对于化合物书写的规范性有待巩固与加强。因此，在落实认识模型的学习过程中，还需要及时落实学生的符号表征，完善学生的知识结构。

参考文献：

［1］中华人民共和国教育部.普通高中化学课程标准（2017年版）［M］.
　　　北京：人民教育出版社，2017.

［2］课程教材研究所.高中化学课本有机化学基础（选修5）［M］.北京：
　　　人民教育出版社，2015.

［3］山东科学技术出版社.有机化学基础（选修）［M］.济南：山东
　　　科学技术出版社，2011.

［4］王祖浩.高中化学选修1有机基础［M］.南京：江苏教育出版社，2014.

［5］王磊.基于核心素养的化学学科能力研究——理论、评价及教学改进
　　　大会报告［R］.羊城教育大讲堂：广州市第六中学，2015.

专家点评

　　本节课的教学设计能创设与学生生活紧密相关的"淀粉制塑料"教学情境，通过"问题链"启发和引导学生不断完善与巩固有机合成的认识模型，并能自觉应用认识模型解决化学问题；通过评价不同的合成方案，诊断和发展学生的官能团转化、寻找合适的中间体的能力，最终建立有机合成的一般思路与方法。学生通过分析资料，处理信息的能力也得到提高，并能做出有科学依据的判断、评价和决策，综合素养得到培养和提升。

第七章

"专题复习" 主题内容教学设计

案例1 铁及其化合物

广州市第五中学 梁德宇

一、课程知识

本课时属于高三综合复习课，结合了必修和选择性必修两种课程的内容，与本节课内容有关的新课标综合要求如下：

（一）必修课程要求

主题1：常见的无机物及其应用

1. 内容要求

金属及其化合物：结合真实情境中的应用实例或通过实验探究，了解钠、铁及其重要化合物的主要性质，了解这些物质在生产、生活中的应用。

2. 教学提示

学习活动建议：

（1）实验及探究活动：铁及其化合物的性质实验，氢氧化亚铁的制备，溶液中Fe^{3+}、NH_4^+、CO_3^{2-}、Cl^-、SO_4^{2-}等离子的检验。

（2）调查水体重金属污染及富营养化的危害与防治。

（3）情境素材建议：金属及其化合物的性质与应用——补铁剂，实验室中硫酸亚铁的保存与使用，印刷电路板的制作，菠菜中铁元素的检验。

3. 学业要求

（1）能利用典型代表物的性质和反应，设计常见物质制备、分离、提纯、检验等简单任务的方案。能从物质类别和元素价态变化的视角说明物质的转化路径。

（2）能说明常见元素及其化合物的应用（如金属冶炼、合成氨等）对社会发展的价值、对环境的影响。能有意识地运用所学的知识或寻求相关证据参与社会性议题的讨论（如酸雨和雾霾防治、水体保护、食品安全等）。

（二）选择性必修课程

模块：化学反应原理主题。

主题2：化学反应的方向、限度和速率

1. 内容要求

化学反应的方向与限度：知道化学反应是有方向的。认识化学平衡常数是表征反应限度的物理量，知道化学平衡常数的含义。了解浓度商和化学平衡常数的相对大小与反应方向的联系。通过实验探究，了解浓度、压强、温度对化学平衡状态的影响。

2. 教学提示

教学策略：引导学生经历化学平衡常数模型建构的过程，结合具体实例，促使学生体会化学平衡常数在判断平衡状态、反应方向，分析预测平衡移动方向等方面的功能价值；通过交流讨论活动，帮助学生形成浓度商和化学平衡常数的比较分析、等温条件下平衡移动问题的基本思路。

3. 学业要求

（1）能书写平衡常数表达式，能进行平衡常数、转化率的简单计算，能利用平衡常数和浓度商的关系判断化学反应是否达到平衡及平衡移动的方向。

（2）能运用浓度、压强、温度对化学平衡的影响规律，推测平衡移动方向及浓度、转化率等相关物理量的变化，能讨论化学反应条件的选择和优化。

（3）针对典型案例，能从限度、速率等角度对化学反应和化工生产条件进行综合分析。

主题3：水溶液中的离子反应与平衡

学业要求：

（1）能用化学用语正确表示水溶液中的离子反应与平衡，能通过实验证明

水溶液中存在的离子平衡，能举例说明离子反应与平衡在生产、生活中的应用。

（2）能综合运用离子反应、化学平衡原理，分析和解决生产、生活中有关电解质溶液的实际问题。

二、近年高考题分析

通过分析铁元素在近几年的全国卷高考试题中的考查情况，可知铁元素在考试中的地位与分量越来越重，主要呈现以下几个特点：

（1）2013—2018年累计考查的知识点涵盖了高中阶段所有有关铁元素的知识。整合考查了必修1、2和选修4、5教材中与铁元素有关的知识。

（2）以铁元素及其化合物为载体，强化对化学反应原理的考查（包括氧化还原反应、可逆反应、化学平衡、水解平衡、沉淀溶解平衡）。

（3）以铁元素及其化合物为载体，强化对各种化学计算的考查：完全沉淀pH与沉淀转化（K_{sp}）的计算、电子转移的计算、N_A的计算、结晶水的计算、百分含量计算、滴定计算。

（4）注重在现代生活与生产中的应用。

（5）铁元素的化合物越来越陌生，越来越复杂，但都在铁元素及其化合物的基本性质范围之内。

三、学生知识分析

经过前面的复习，学生对化学反应原理、铁元素及其化合物的部分性质已进行复习并网络化，也对高考中铁元素常考的知识点和考查的方式有所了解。但学生在以下几个方面需要进一步提升：

（1）学生知道Fe^{3+}和Fe^{2+}的检验方法，但是在复杂条件下的检验会存在排除干扰因素以及思维变换的问题，部分学生没能很好地掌握。

（2）学生知道怎么计算平衡常数，但往往忽视平衡常数的意义。例如，如何通过平衡常数的大小来判断一个反应进行的程度，很多学生对此会感到比较陌生。

（3）对于Fe^{3+}的检验方法，在现有的三种版本教材中，Fe^{3+}与硫氰化钾的反应的化学方程式均有所不同，鲁科版和苏教版的呈现方式会让学生感到很陌生，需要让学生有所了解。

（4）学生对氯化铁、硫酸亚铁等化合物的性质较为熟悉，但是对于教材中出现的硫氰化铁、铁氰化钾和生活中每天都可能摄入的亚铁氰化钾等铁的化合物的性质与应用则很陌生。

结合高考的考查特点，并针对以上学生存在的问题，本课时创设情境帮助学生进行有效的突破，并对学生在陌生情境中或陌生铁元素化合物之间的转化是否能够熟练地应用已学知识，尤其是应用化学反应原理知识解决问题进行训练与检测。

四、教学与评价目标

1. 教学目标

（1）能够设计实验检验特定条件下的 Fe^{3+} 和 Fe^{2+}。

（2）能够利用化学反应原理定量地解释或解决铁元素化合物间的转化问题。

（3）了解几种陌生铁元素化合物的性质及其在生产、生活中的应用。

（4）能够准确获取信息书写陌生方程式。

2. 评价目标

（1）通过氯化铁与维生素C的混合体系中铁元素的检验，诊断学生能否设计实验检验特定条件下的 Fe^{3+} 和 Fe^{2+}。

（2）通过判断向 $FeCl_3$ 溶液与KSCN溶液反应液中滴加氢氧化钠溶液的现象与原因解释，诊断学生能否利用化学反应原理定量地解释或解决铁元素化合物间的转化问题。

（3）通过利用 $FeSO_4$ 来处理氰化物废水得到的产物 $Na_4[Fe(CN)_6]$ 与 $K_3[Fe(CN)_6]$ 和 $K_4[Fe(CN)_6]$ 的转化应用，让学生了解几种陌生铁元素化合物的性质及其在生产、生活中的应用，并诊断学生综合运用化学反应原理解决实际问题的能力。

五、教学重难点

（1）利用化学反应原理定量地解释或解决铁元素化合物间的转化问题。

（2）准确获取信息，书写陌生方程式。

六、课堂教学环节设计

教学环节	教学活动	设计意图	学科核心素养
环节一	活动1：向盛有2mL维生素C溶液的试管中滴加几滴黄色的氯化铁溶液，请设计两个实验方案证明上述实验中已发生了氧化还原反应。（可供选用的试剂：$0.01mol \cdot L^{-1}$ $KMnO_4$溶液，$0.1mol \cdot L^{-1}$ KSCN溶液，$0.1mol \cdot L^{-1}$ $K_3[Fe(CN)_6]$溶液） 方案一：＿＿＿＿＿。 方案二：＿＿＿＿＿。 两个方案中涉及的离子反应方程式为＿＿＿＿＿ ＿＿＿＿＿。[1]	（1）创设一个相对复杂的体系，检验学生对特定条件下检验Fe^{3+}和Fe^{2+}的掌握情况。 （2）联系生活，从化学的角度解释贫血所用的补铁剂与维生素C是否能够同时服用	证据推理意识：能够基于对物质组成及其变化提出可能的假设，通过实验、分析加以证实
环节二	活动2：$FeCl_3$溶液与KSCN溶液反应的离子反应方程式为$Fe^{3+}+nSCN^- \rightleftharpoons [Fe(SCN)_n]^{3-n}$（n=1~6）。 当KSCN溶液浓度较稀时生成$[Fe(SCN)]^{2+}$，已知：$Fe^{3+}+SCN^- \rightleftharpoons [Fe(SCN)]^{2+}$ K_f，$[Fe(SCN)]^{2+}=2.0 \times 10^3$，$K_{sp}[Fe(OH)_3]=1.0 \times 10^{-39}$。（注：$K_{f, [Fe(SCN)]^{2+}}$表示配位平衡$Fe^{3+}+SCN^- \rightleftharpoons [Fe(SCN)]^{2+}$的稳定常数）。[2-4] （1）$[Fe(SCN)]^{2+}$的稳定常数的表达式$K_{f, [Fe(SCN)]^{2+}}=$＿＿＿＿＿。 （2）向5mL $0.005mol \cdot L^{-1}$ $FeCl_3$溶液的试管中加入几滴$0.01mol \cdot L^{-1}$ KSCN溶液，溶液变红（生成$[Fe(SCN)]^{2+}$），再滴加3~5滴$0.01mol \cdot L^{-1}$ NaOH溶液，可观察到的现象为＿＿＿＿＿，加入NaOH溶液时发生的离子反应方程式为＿＿＿＿＿，该反应的平衡常数表达式为K=＿＿＿＿＿。请求出该平衡常数并用该常数解释加入NaOH溶液后现象变化的原因（写出计算过程）。 （3）在用KSCN溶液检验Fe^{3+}时，溶液应呈＿＿＿＿＿性[5]	诊断学生能否利用化学反应原理定量地解释或解决铁元素化合物间的转化问题	宏观辨识与微观探析：能够从宏观与微观相结合的视角分析和解决实际问题。 变化观念与平衡思想：能多角度、动态地分析化学变化，运用化学反应原理解决简单的实际问题

教学环节	教学活动	设计意图	学科核心素养
环节三	活动3：氰化物具有剧毒，炼金工业的废水中含有较多的NaCN，常选用FeSO₄来处理废水，发生的离子反应方程式为$Fe^{2+}+6CN^-\rightleftharpoons[Fe(CN)_6]^{4-}$ $K_{f,[Fe(CN)_6]^{4-}}=1.0\times10^{35}$，经过分离可得到$Na_4[Fe(CN)_6]$。在一定温度下，向$Na_4[Fe(CN)_6]$溶液中加入KCl可以析出亚铁氰化钾$K_4[Fe(CN)_6]\cdot3H_2O$晶体。[4-5] （1）$K_4[Fe(CN)_6]\cdot3H_2O$为黄色晶体，俗称黄血盐，铁氰化钾$K_3[Fe(CN)_6]$为红色晶体，俗称赤血盐。 ①$K_3[Fe(CN)_6]$中铁元素的化合价为____。向$K_4[Fe(CN)_6]$溶液中通入$Cl_2$可生成$K_3[Fe(CN)_6]$，该反应的离子反应方程式为____。 ②若该反应中$K_4[Fe(CN)_6]$与Cl_2已恰好完全反应，请设计实验证明生成了$K_3[Fe(CN)_6]$。 （2）在中性溶液中，$K_3[Fe(CN)_6]$会部分水解生成$Fe(OH)_3$。①该水解反应的离子反应方程式为：_____。欲使上述平衡向正反应方向移动，可以加入____（填"K_2CO_3"或"$KHCO_3$"）。已知：碳酸的$K_{a1}=4.3\times10^{-7}$，$K_{a2}=5.6\times10^{-11}$，$K_a(HCN)=5\times10^{-10}$ ②请用以下平衡常数K表示$K_3[Fe(CN)_6]$水解平衡常数的计算式$K_h=$_____。已知：$K_{f,[Fe(CN)_6]^{3-}}=1.0\times10^{42}$，$K_{sp}[Fe(OH)_3]=1.0\times10^{-39}$，$K_a(HCN)=5\times10^{-10}$，$K_w=1\times10^{-14}$常温下，$K_3[Fe(CN)_6]$的水解程度____（填"极微弱"或"很大"），请利用K_h说明原因：____。 （3）在碱性溶液中，$[Fe(CN)_6]^{3-}$有氧化性，向$K_3[Fe(CN)_6]$溶液中加入KOH溶液可生成$K_4[Fe(CN)_6]$，该反应的化学方程式为____。（已知该反应中，C、N元素化合价反应前后不变）	（1）通过利用$FeSO_4$来处理氰化物废水得到的产物$Na_4[Fe(CN)_6]$与$K_3[Fe(CN)_6]$和$K_4[Fe(CN)_6]$的转化应用，让学生了解几种陌生铁元素化合物的性质及其在生产、生活中的应用，并诊断学生综合运用化学反应原理解决实际问题的能力。 （2）讨论食盐添加剂中$K_4[Fe(CN)_6]$在生活中的应用以及可能产生的社会问题，并提出解决方法	科学态度与社会责任：将处理废水得到的产品进行回收利用，培养学生节约资源、保护环境的可持续发展意识。能对与化学有关的社会热点问题做出正确的价值判断

七、教学反思

本设计利用铁元素及其化合物作为载体，结合全国卷高考考查方式与课本呈现的素材，整合三种版本教材中的相关内容，创设适当的活动，提升学生对铁元素及其化合物螺旋式上升的认识，并学会利用平衡移动原理、平衡常数、水解反应、沉淀溶解平衡、氧化还原反应原理等化学反应原理解释或解决铁元素化合物之间的转化问题，渗透化学在生活、生产中的应用，体会"绿水青山就是金山银山"的理念，提高学生对化学与生活、化学与生产、化学与环境、社会与责任的认识，运用化学知识解决社会问题的意识与责任感。

参考文献：

［1］人民教育出版社，课程教材研究所，化学课程教材研究开发中心.普通高中课程标准实验教科书化学选修4化学反应原理［M］.北京：人民教育出版社，2007.

［2］人民教育出版社，课程教材研究所，化学课程教材研究开发中心.普通高中课程标准实验教科书化学选修4化学反应原理［M］.南京：江苏凤凰教育出版社，2014.

［3］北京师范大学国家基础教育课程标准实验教材总编委会组.普通高中课程标准实验教科书化学选修4化学反应原理［M］.济南：山东科学技术出版社，2011.

［4］吉林大学，武汉大学，南开大学，等.无机化学下册［M］.3版.北京：高等教育出版社，1994.

［5］张祖德.无机化学［M］.2版.合肥：中国科学技术大学出版社，2014.

专家点评

能准确把握高三复习课的教学特征，创设简单却能让学生充分运用元素化合物知识的真实实验情境，调动学生的复习热情，使学生积极主动利用化学原理解释或解决铁元素化合物之间的转化问题，培养了学生宏观辨识与微观探析的素养。变化观念与平衡思想。在高三复习课上也体现了培养学生节约资源、保护环境的可持续发展意识的责任感。

案例2　水溶液中的离子平衡

广州市增城高级中学　潘赔妹

一、教学设计背景及理念

复习课是高三化学课堂的常态，但传统的复习课尤其是二轮复习课，大多以"考点罗列—典型例题—专题训练—练习讲评"的模式进行，教师利用复习内容对学生进行素养培养的意识和意愿明显弱于高一、高二。笔者通过"知网"文献查找，发现与该内容相关的基于核心素养的高三复习教学研究也相当少。

教育部制定的新课标明确提出"化学学科核心素养是学生必备的科学素养，是学生终身学习和发展的重要基础"。高三虽然已属于复习阶段，并不是实施核心素养培养的最佳时期，但基于对学生核心素养的培养应保持连续性和一惯性，所以仍需教师努力挖掘、利用复习素材中可以培养学生素养的契机。本课题正是基于这种思想，选择了"素养为本"的教学设计基调。

本教学设计通过创设情境（多平衡单一溶质体系和多溶质不断变化的滴定体系），将考点（pH的计算、平衡常数的计算、离子反应方程式的书写、滴定指示剂的选择、强弱电解质的区别、离子浓度的大小比较）整合于情境之中，引导学生从宏观辨识到微观探析，从经验预测到实验验证，从利用平衡理论论证到思维模型的建立再到不断地根据模型解决问题，整个过程既紧密结合了考点，夯实了基础，又充分挖掘了可以培养学生学科核心素养的契机，充分体现了高三复习课也需继续保持学生"核心素养"培养的理念。

二、教学内容及学情分析

（一）教学内容分析

1. 教材内容分析

《水溶液中的离子平衡》是人教版高中化学选修4化学反应原理第三章的内容，以化学平衡理论为指导，以电解质、离子反应等相关概念为基础，进一步学习水溶液中电离平衡、水解平衡、沉淀溶解平衡等相关概念和原理，是高中化学基础理论的重要组成部分，也是学生化学学习的难点和历年高考的重点。

2. 课标要求

《水溶液中的离子平衡》在新课标中对学生的要求是：

（1）能从电离、离子反应、化学平衡的角度认识电解质水溶液的组成、性质和反应。

（2）能认识弱电解质在水溶液中存在电离平衡，了解电离平衡常数的含义。认识水的电离，了解水的离子积常数，认识溶液的酸碱性及pH，掌握检测溶液pH的方法。

（3）认识盐类水解的原理和影响盐类水解的主要因素。

（4）认识难溶电解质在水溶液中存在沉淀溶解平衡，了解沉淀的生成、溶解与转化。

（5）了解水溶液中的离子反应与平衡在物质检测、化学反应规律研究、物质转化中的应用。

（6）了解溶液的pH调控在工农业生产和科学研究中的应用。[1]

3. 考纲要求

（1）基本考点：①了解强电解质和弱电解质的概念；②理解电解质在水中的电离以及电解质溶液的导电性；③了解水的电离、离子积常数；④了解溶液pH的含义及其测定方法，能进行pH的简单计算；⑤理解弱电解质在水中的电离平衡，能利用电离平衡常数进行相关计算；⑥了解盐类水解的原理、影响盐类水解程度的主要因素、盐类水解的应用；⑦了解离子反应的概念、离子反应发生的条件，掌握常见离子的检验方法；⑧了解难溶电解质的沉淀溶解平衡，理解溶度积（K_{sp}）的含义，能进行相关的计算。[2]

（2）该考纲要求与2018年高考化学《考试大纲》相比，其变化见下表：

理解电解质在水中的电离以及电解质溶液的导电性	"了解"变为"理解"
理解弱电解质在水中的电离平衡	"了解"变为"理解"
能利用电离平衡常数进行相关计算	新增
掌握常见离子的检验方法	"了解"变为"理解"
了解沉淀转化的本质	删去

2017年高考化学《考试大纲》相比2016年，修订处相当多，2018年化学《考试大纲》基本没有变动，2019年化学《考试大纲》与2018年相比，只在第一部分考试目标与要求中略有变化，提出了高校对新生思想道德素质和科学文化素质的要求，并第一次把"思维方法"写进考纲，强调高考评价体系中的"四层"，即考查内容中的"必备知识、关键能力"，使考查内容更具体。备考时，考生不仅要掌握必备知识，还需加强关键能力和思维方法的训练，提升化学科学素养，提升核心价值。化学命题不仅要促进学生在知识和技能、过程和方法、情感态度和价值观等方面的全面提升，还要促进学生德智体美劳全面发展。

具体到《溶液中的离子平衡》这一内容，我们对比2018年的考纲，不难发现对此部分的要求总体有所提高，虽然删去了对"沉淀转化本质的了解"，但不仅把两个原本"了解"层次的考点提升至了"理解"层，还增加了"利用电离平衡常数进行相关计算"，对考生思维方法、解决问题的能力要求明显提高。

4. 考情呈现（近三年高考全国卷）

年份/卷型	题型	考点
2016甲卷	客观题	盐类水解的应用（无水氯化镁的制取）
	主观题	电离平衡常数的计算（联氨）
2016乙卷	客观题	（图像题）弱碱和强酸中和滴定指示剂的选择，pH值计算，酸碱性及离子浓度大小的判断，盐类水解的应用（氯化铁溶液的配制）
	主观题	沉淀滴定，利用K_{sp}的计算
2016丙卷	客观题	弱电解质的稀释，条件对水解平衡、溶解平衡的影响，酸碱中和滴定过程中离子浓度的变化，盐类水解的应用（泡沫灭火器）
	主观题	无
2017甲卷	客观题	（图像题）二元弱酸中各粒子浓度随pH的变化，离子浓度大小的判断、电离平衡常数的计算，盐类的水解（N_A题），沉淀产生的先后顺序与K_{sp}大小的关系
	主观题	氧化还原滴定的计算、滴定误差分析
2017乙卷	客观题	（图像题）强碱滴定二元弱酸，平衡常数的计算，一级电离平衡常数与二级电离平衡常数大小的关系，离子浓度大小的判断
	主观题	滴定计算，通过计算浓度商判断沉淀的产生

续　表

年份/卷型	题型	考点
2017丙卷	客观题	（图像题）K_{sp}的计算，离子反应方程式的正误判断，条件对平衡的影响，平衡常数的计算及平衡常数大小与反应程度大小的关系，酸碱中和滴定操作，弱电解质溶液中离子浓度的计算
	主观题	无
2018甲卷	客观题	盐类的水解（N_A题）
	主观题	氧化还原滴定（计算）
2018乙卷	客观题	无
	主观题	氧化还原滴定（计算）
2018丙卷	客观题	沉淀滴定K_{sp}计算与判断，条件改变对滴定曲线的影响（外因和内因）
	主观题	氧化还原滴定终点的判断，K_{sp}大小对沉淀产生的影响

由上可见，近三年考题呈现的形式主要是：

（1）拼盘式选择题。

（2）图像型选择题（较多，稀释图、中和滴定图、沉淀溶解平衡图）。

（3）与化工生产流程相结合的主观题。

（二）学情分析

（1）通过一轮复习，学生已经能熟练应用pH和平衡常数的表达式进行计算，但面对一个没有告知的平衡体系，常不知道要写什么平衡方程式进行分析，同时计算的准确性也有所欠缺。

（2）通过一轮复习，学生能较准确地进行单一溶液体系的粒子浓度大小分析，但对多种溶质混合的平衡体系的分析常思维混乱、主次不清，尤其面对一个不断变化的平衡体系，更缺少分析的方法。

（3）学生能准确判断强弱电解质，知道弱电解质不完全电离，但在离子反应方程式的书写中，常忘记主动辨识电解质的强弱，因此离子、分子形式乱写。

（4）在图像题中，学生能基本读懂横纵坐标所表示的含义，但"lg或P"的出现常会形成干扰；能分析出曲线变化的趋势，但又缺乏寻找特殊点或辅助线帮助解决问题的主动性。

（5）学生对滴定终点、恰好中和点、中性点三者之间的关系常会混乱，常常会把恰好中和等同于中性，把滴定终点等同于中性，从而影响指示剂的选择和守恒律的应用。

（三）教学现状分析

高三二轮复习教学，由于复习任务重，分数压力大，复习时间紧，大多以"考点罗列—例题讲解—专题训练—练习评讲"的模式进行。这种课堂多以知识为本位，解题为核心。学生看似做题无数，却不知道题与题之间的联系；出现问题，却不知问题出现的本质原因；听懂了评讲，但遇新题仍束手无策。反思其原因，笔者认为有下面几点：重解题，轻素养；重数量，轻质量；重识记，轻能力；重结果，轻过程。这样的复习教学常让学生感到枯燥乏味，花了时间收效却并不令人满意。

三、教学与评价目标

1. 教学目标

（1）通过环节二实验引路，激活学生头脑中可溶电解质的平衡体系，明确多平衡体系在对溶液酸碱性起对立作用时，应以实验结果或测定数据为切入点来推理各平衡体系的主次关系，形成判断粒子浓度大小和粒子之间相互作用结果的一般思路与方法。

（2）通过环节三，巩固pH、电离平衡常数的计算及弱电解质在离子反应中的书写，知道指示剂的选择取决于终点溶液的显性，能理解强弱电解质在滴定过程中的典型区别。

（3）通过环节四，学会用起点、中性点、恰好反应点、过量一倍点四个特殊点"以点带线"的模型来研究滴定曲线复杂动态的变化情况。同时在对点的研究中，巩固环节二形成的判断粒子浓度大小的思维模型。

（4）通过环节五，检测本节学习达成的情况。

2. 评价目标

（1）通过环节一，诊断学生能否清楚辨识不同平衡体系所研究的对象。

（2）通过环节二，诊断发展学生分析溶液中的离子平衡的思维模型及电解质在水溶液中"宏观—微观—符号"三重表征达成的情况。

（3）通过环节三，诊断学生对弱电解质的pH、电离平衡常数的计算，弱电解质在离子反应方程式中的书写是否达成考纲要求，能否从定性到定量分析电解质溶液。

（4）通过环节四，诊断学生能否从宏观和微观辨识强弱电解质在中和滴定过程中的不同表现，是否能自觉主动地运用平衡移动原理去分析弱电解质在溶液中的行为。

（5）通过环节五，诊断并发展学生分析滴定曲线的思维模型，能否主动应用环节二建立的思维模型准确判断滴定过程中各种指标的变化。

四、教学重难点

教学重点：强弱电解质在滴定和稀释过程中各项指标的不同变化。

教学难点：

（1）利用电离平衡常数进行计算。

（2）用变化、守恒的思想去分析一个变化的溶液体系。

五、教学流程

教学流程如图1所示。

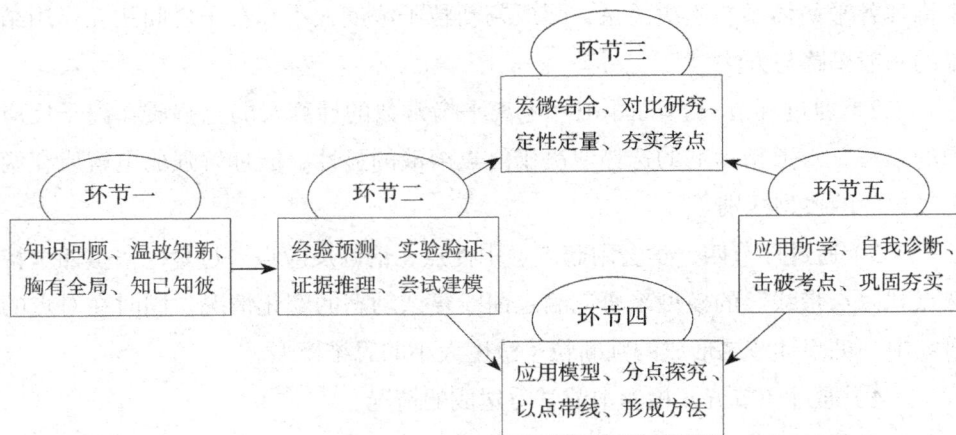

图1 教学流程

六、教学过程

环节一：知识回顾、温故知新、胸有全局、知己知彼

问题："水溶液中的离子平衡"包括哪些平衡？它们研究的对象分别是什么？

一生上黑板完成表格，其余学生在作业本上完成。

平衡种类	研究对象
电离平衡	弱电解质（弱酸、弱碱、水）
水解平衡	弱碱、弱酸的盐
溶解平衡	难溶电解质

环节二：经验预测、实验验证、证据推理、尝试建模

问题1：从组成上来看，碳酸氢钠与亚硫酸氢钠都属于哪类物质？它们的水溶液酸碱性如何？（学生思考并回答）

演示实验：碳酸氢钠溶液与亚硫酸氢钠溶液的酸、碱性测定（学生观察，并得出结论）。

问题2：两者属于同类，但酸碱性截然不同，能否从平衡角度进行论证？

（学生书写两者在溶液中的电离平衡、水解平衡方程式，并根据实验结论对两种平衡的强弱进行分析；同时，教师可对学生书写的电离方程式、水解方程式进行纠错。）

问题3：能否迅速判断两溶液中H_2CO_3与CO_3^{2-}、H_2SO_3与SO_3^{2-}的浓度的大小。

学生通过前面的电离与水解的主次分析，能准确得出：$c(H_2CO_3) > c(CO_3^{2-})$、$c(H_2SO_3) < c(SO_3^{2-})$。

问题4：以上分析、判断的过程，对你分析溶液中的离子平衡、比较溶液中离子浓度的大小有何启示？

尝试建模（见图2）：

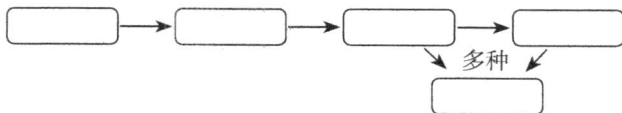

图2　分析溶液中离子平衡模型

环节三：宏微结合、对比研究、定性定量、夯实考点

以一元强碱和弱碱为研究对象，以中和滴定过程为载体，进行"pH、电离平衡常数的计算、滴定终点判断及指示剂的选择、水的电离、导电能力、离子浓度大小的判断、强弱电解质的稀释"等知识点的训练与复习。

过渡：刚才研究的是单一溶质的溶液体系中电解质的行为，那在一个不断变化的溶液中，可否用同样的方法来分析呢？

展示情境：常温下，向20mL 0.1mol·L^{-1}的某BOH溶液（电离度约为1%）中逐滴加入等浓度的盐酸，得到pH与所加盐酸体积的关系，如图3所示，按要求完成下列学习任务：

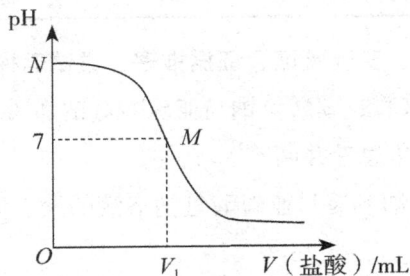

图3　展示1：pH与所加盐酸体积的关系

布置任务一：列式计算N点的pH值及此温度下BOH的电离平衡常数，并写该滴定反应的离子反应方程式。

（学生完成任务，并实物投影，展示任务完成情况。）

布置任务二：A点是加入V（盐酸）=20mL的点，请在图中大致表示出A点的位置，并指出这样表示的理由。

〔学生上台画图（见图4），并在台上为大家讲解画的理由：达到20mL的时候是完全中和，生成了BCl，它是强酸弱碱盐，显酸性。〕

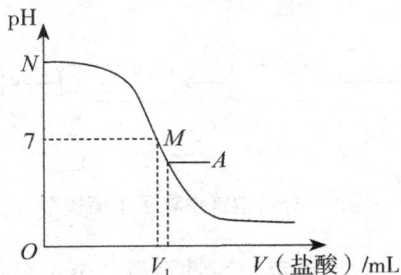

图4　展示2：pH与所加盐酸体积的关系

尝试建模：教师引导学生用环节二建立的分析溶液中的离子平衡的思维模型来评价该同学的讲解：溶质成分（恰好反应只有BCl）—溶质种类（BCl是强酸弱碱盐）—平衡种类（水解，显酸性）。同时，引导学生重点关注弱电解质参与的滴定，其恰好反应点与中性点的不同位置。

任务二追问1：能否具体计算出该点的pH值？

［学生在教师的引导下，由最基本的水解平衡常数入手：$K_h = c(BOH) \times c(H^+)/c(B^+) = c(BOH) \times c(H^+) \times c(OH^-)/c(B^+) \times c(OH^-) = K_w/K_b$（上下都乘$c(OH^-)$，凑$K$法）。］

任务二追问2：该任务中和滴定可选用"酚酞、石蕊、甲基橙"中的哪些作为指示剂？选择的理由是什么？

小结：

中和滴定指示剂选择的方法：恰好反应点—溶质的类别—平衡种类—溶质的酸碱性，即中性（甲基橙、酚酞），碱性（酚酞），酸性（甲基橙），石蕊因其变色不明显，一般不用。

布置任务三：若其他条件不变，只把BOH改为NaOH溶液，滴定曲线上的M点和N点的位置、指示剂的选择是否有变化？如何变化？什么原因导致了这种变化？

［学生上台画图（见图5），并为大家讲解这样画的原因］

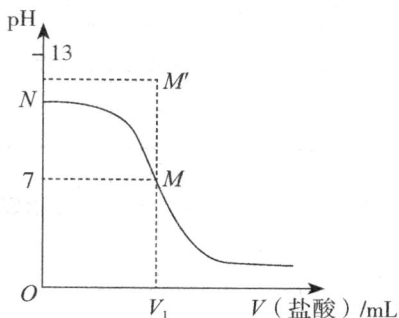

图5　展示3：pH与所加盐酸体积的关系

小结：

起点：溶质的成分（NaOH）—溶质类别（强碱）—平衡种类（无平衡，完全电离）；V_1点以恰好反应点做参照，没有完全反应，溶质的成分（NaOH、NaCl）—溶质类别（强酸强碱盐、强碱）—平衡种类（无平衡，NaCl完全电离不水解，显中性，NaOH完全电离显碱性）。

任务三追问：M点还有无其他的改法？M点纵坐标保持在7，M点横坐标应是多少？

（学生思考能很快得出图6。）

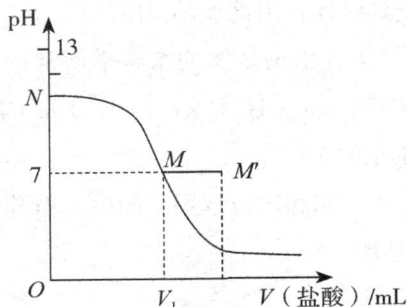

图6 展示4：pH与所加盐酸体积的关系

小结：强弱电解质在滴定过程中的行为是不同的，表现在起点、恰好反应点上。在画图时要区别这两个点。同时，在看图时，也要密切留意这两个点，判断这是强电解质还是弱电解质。

环节四：应用模型、分点探究、以点带线、形成方法

假设B点为滴定曲线上V（盐酸）=40mL对应的点，完成下面内容：

N、M、A、B四点溶液体系内存在的溶质分别是什么？用分类的观点指出这些体系中分别存在什么样的平衡体系？从微观角度尝试分析各点溶液的粒子浓度的大小，感悟在此滴定过程中离子的浓度的变化，并从中获得解决此类问题的模型。

比较项目	N（起点）	M（中性点）	A（恰好反应点）	B（过量一倍点）
溶质（化学式）				
水的电离程度的变化	由N到B（下同）			
导电能力的变化				
$c(B^+)$ 的变化				
$c(OH^-)$ 的变化				
$c(Cl^-)$ 的变化				

（学生按表格内容进行分析。）

环节五：应用所学、自我诊断、击破考点、巩固夯实

判断下列说法是否正确，不正确的请说明原因：

（1）N、M、A、B四点所代表的溶液都符合 $c(B^+)+c(H^+)=c(OH^-)+c(Cl^-)$。_____（ ）

（2）M点所代表的溶液中符合c（B^+）+c（HB）=c（Cl^-）。　　　　（　　）

（3）A点所代表的溶液中c（B^+）=c（Cl^-）。　　　　　　　　（　　）

（4）B点溶液中离子浓度大小的顺序为c（Cl^-）>c（B^+）>c（H^+）>c（OH^-）。

（　　）

（学生进行测试并小组交流进行互评。）

七、教后再设计

在第二课时中，可基于第一课时内容进行如下复习：

（1）把上述情境中加入的盐酸改为加入水，将强弱电解质的稀释也统一到同一情境中，对学生进行电解质稀释问题的复习：

在图7的坐标图中画出V_0mL的上述两种0.1mol·L^{-1}的碱（BOH、NaOH）溶液加水稀释至VmL时，pH随$\lg V/V_0$变化的图像，并判断下列说法是否正确：

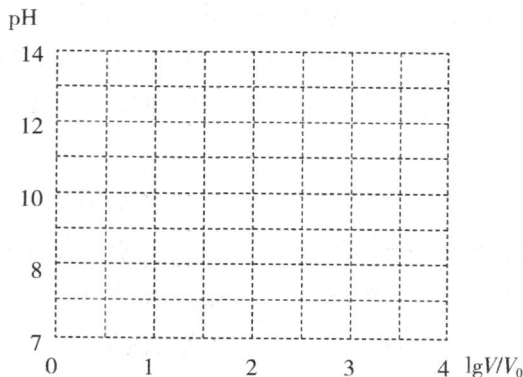

图7　pH值与$\lg V/V_0$关系

①BOH的电离程度：$\lg V/V_0$=1的点大于$\lg V/V_0$=2的点。　　　　（　　）

②无限稀释时两者的pH相等。　　　　　　　　　　　　　　　　（　　）

③稀释过程中所有离子的浓度都在减小。　　　　　　　　　　　　（　　）

④$\lg V/V_0$=3时，氢氧化钠溶液中c（OH^-）约为水电离出来的c（OH^-）的106倍。　　　　　　　　　　　　　　　　　　　　　　　　（　　）

⑤BOH由$\lg V/V_0$=1的点变化到$\lg V/V_0$=2的点时，溶液中c（B^+）/c（BOH）·c（H^+）不变。　　　　　　　　　　　　　　　　　　　　　　　（　　）

⑥$\lg V/V_0$=2时，若两溶液同时升高温度，两者的碱性都增强，c（Na^+）/

c（B^+）增大。   （ ）

（2）对中和滴定进行下列几种类型的变式训练：①改变酸碱的滴加顺序：碱滴酸；②改变滴加的物质种类：一元碱滴二元酸、二元碱滴一元酸、酸滴盐等；③改变坐标内容：c-pH，pOH-pH，pB$^+$/BOH-pOH等。

八、教学反思

1. 本案例的优点

（1）立意素养化

核心素养是人进一步成长的基础和可能，是人进一步成长的内核。关键能力和必备品格是人终身发展、可持续发展的基因、种子和树根。抓住了核心素养也就抓住了教育的根本。[3]当一个学生具有良好的化学认识素养时，他就能够从客观世界中提取出认识对象；能够对这个认识对象从多个认识域进行分析，具有清晰的认识思路，深知认识域之间、认识角度之间的关系；能够在较高的层次上分析认识对象，如在微观、定量、动态相互作用的深度上分析现象。[4]本教学案例利用复习素材主要从以下两方面培养了学生的化学学科核心素养。

①选择"碳酸氢钠、亚硫酸氢钠"这一多平衡单一溶质溶液体系，通过"性质预测—实验验证—原理论证"，建立观点、结论和证据之间的逻辑关系，提高学生的证据意识，学会科学研究的一般方法。

②选择"中和滴定"这一动态的多溶质溶液体系，以图像为载体，从宏观分类辨识各点入手，再用平衡观、微粒观、变化观对滴定过程中的各个阶段进行定性和定量的多角度分析，培养学生的宏观辨识和微观探析、变化观念和平衡思想的素养。

（2）认知模型化

吉尔伯特认为，认知模型化具有三个功能：可以将抽象的事物具体化、可视化；可将复杂的现象或事物简单化，为科学的解释和预测提供依据。[5]本节课帮学生建立了如下两种思维模型：

①帮助学生建立溶液中离子浓度大小判断的思维模型，并在情境中不断地运用模型解决问题，借用模型评价他人解决问题的过程，既使学生借助模型认识到这一类问题的本质和规律，又能使教师更直观地观测到学生隐性的

思维过程。

②通过引导学生对"起点、恰好反应点、中性点、过量一倍点"四个特殊点的探究，帮助学生建立"以点带线"进行滴定图像分析的思维模型，让学生轻松实现点到点之间的pH、导电能力、水的电离程度、离子浓度的大小等变化情况的分析。

（3）问题情境化

将pH的计算、平衡常数的简单计算、离子反应方程式的书写、滴定指示剂的选择、强弱电解质的区别、利用平衡常数的计算、离子浓度的大小比较等多个零散的考点整合于同一个情境（中和滴定）之中，以层层递推的问题串起课堂教学，在学生解决问题的过程中发现学生的知识漏洞，及时补漏。既能夯实基础、稳步得分，又能体现综合、高效的旨意。

（4）活动多样化

本案例通过"实验视频观看""强弱电解质的对比画图"、滴定各点的"定性判断与定量计算"等多种教学活动，充分调动学生参与课堂复习的积极性，同时，通过展示学生作业、学生上台展示解题过程、讲解思维过程，更好地诊断学生知识与能力达成的情况。

2. 本案例的不足

教学需基于学情，由于本节课是一节异地教学课，对学生的情况笔者只知大概，教学设计中的学情研究也是基于笔者所教学生情况所写，因此对学生的预估不足。本以为学生在pH的计算，电离、水解方程式的书写以及简单电离平衡常数的计算上问题不大，但在课堂实操中，发现学生这方面的基础比较薄弱，因此花了大量的时间，导致环节四、五没有在课堂上实施。这更加说明，课堂教学需基于学情。

参考文献：

［1］中华人民共和国教育部.普通高中化学课程标准（2017年版）［M］.北京：人民教育出版社，2018.

［2］教育部考试中心.2019年普通高等学校招生全国统一考试大纲（理科）［M］.北京：高等教育出版社，2018.

［3］余文森.从三维目标走向核心素养［J］.华东师范大学学报（教育科学版），2016（1）：11-13.

［4］胡久华，王磊.促进学生认识素养发展的化学教学［J］.教育科学研究，2010（3）：46~48.

［5］Gilbert J. K，Models and modeling:Routes to more authentic science education［J］.International Journal of Science and Mathematics Education，2004（2）:115–130.

专家点评

　　作为复习课，创设问题整合于情境之中，将学生的思维过程显性化呈现，能及时发现学生理解时的偏差和应用时的盲点，很好地诊断出学生的认知水平。本节课从平衡理论论证到思维模型的建立过程，多次采用问题驱动的方式，利用情境素材和平衡理论不断地建模来解决问题，培养了学生从宏观辨识走向微观探析的解决溶液问题的思维角度。先预测或者分析讨论，能很好地夯实学生的知识基础；然后进行实验验证或者变式探究，提升了学生的思维广度和深度，这是复习课可以借鉴的一种高效课堂的组织模式。